Häuser aus Seefrachtcontainern

Wie man ein Haus aus einem Seefrachtcontainer baut – einschließlich Tipps zum Bau, den Techniken, Plänen, dem Design und überraschenden Ideen

© Copyright 2021

Alle Rechte vorbehalten. Kein Teil dieses Buches darf in irgendeiner Form ohne schriftliche Genehmigung des Autors reproduziert werden. Rezensenten dürfen in Besprechungen kurze Textpassagen zitieren.

Haftungsausschluss: Kein Teil dieser Publikation darf ohne die schriftliche Erlaubnis des Verlags reproduziert oder in irgendeiner Form übertragen werden, sei es auf mechanischem oder elektronischem Wege, einschließlich Fotokopie oder Tonaufnahme oder in einem Informationsspeicher oder Datenspeicher oder durch E-Mail.

Obwohl alle Anstrengungen unternommen wurden, die in diesem Werk enthaltenen Informationen zu verifizieren, übernehmen weder der Autor noch der Verlag Verantwortung für etwaige Fehler, Auslassungen oder gegenteilige Auslegungen des Themas.

Dieses Buch dient der Unterhaltung. Die geäußerte Meinung ist ausschließlich die des Autors und sollte nicht als Ausdruck von fachlicher Anweisung oder Anordnung verstanden werden. Der Leser / die Leserin ist selbst für seine / ihre Handlungen verantwortlich.

Die Einhaltung aller anwendbaren Gesetze und Regelungen, einschließlich internationaler, Bundes-, Staats- und lokaler Rechtsprechung, die Geschäftspraktiken, Werbung und alle übrigen Aspekte des Geschäftsbetriebs in den USA, Kanada, dem Vereinigten Königreich regeln oder jeglicher anderer Jurisdiktion obliegt ausschließlich dem Käufer oder Leser.

Weder der Autor noch der Verlag übernimmt Verantwortung oder Haftung oder sonst etwas im Namen des Käufers oder Lesers dieser Materialien. Jegliche Kränkung einer Einzelperson oder Organisation ist unbeabsichtigt.

Inhaltsverzeichnis

HÄUSER AUS SEEFRACHTCONTAINERN – EINE EINFÜHRUNG 1
    WARUM SOLLTE MAN EIN HAUS AUS EINEM SEEFRACHTCONTAINER BAUEN? 3
    WAS KOSTET ES? 5
    DAS FAZIT 7
    HÄUFIG GESTELLTE FRAGEN 8
    EINIGE TOLLE ANBIETER 10
    VORTEILE VON SEEFRACHCONTAINERN 15
    NACHTEILE VON SEEFRACHTCONTAINERN 17
    KOSTENAUFSTELLUNG 19

TEIL 1: DIE GRUNDLAGEN 21

DIE GESCHICHTE DER CONTAINERHÄUSER 23
    WAS IST DER KERNPUNKT? 25

KAPITEL 1 – DER BAU EINES CONTAINERHAUSES: EINE ZUSAMMENFASSUNG 28

KAPITEL 2 – PLANUNGSZEIT 32
    GENEHMIGUNG UND BAUVORSCHRIFTEN 35
    ALLGEMEINE LISTE VON BENÖTIGTEN DOKUMENTEN 37
    ENTWURFSZEIT! 37
    CHECKLISTE FÜR DIE PLANUNG 38

KAPITEL 3 – DIE CONTAINER BESCHAFFEN 39
Neu oder gebraucht? 40
Wo kann ich einen bekommen? 44
Welche Größe kostet was? 45
Checkliste für den Containerkauf 46

KAPITEL 4 – VORBEREITUNG DES GRUNDSTÜCKS 47
Wie erkenne ich meinen Bodentyp? 49
Grundlagen des Betons 50
Arten von Fundamenten 54
Betonpfeiler und Pfähle 54
Fundamentplatten 63
Streifenfundament 65
Checkliste zur Vorbereitung des Grundstücks 68

KAPITEL 5 – CONTAINERUMBAU, LIEFERUNG UND AUFSTELLUNG 69
Containerumbau: vorgefertigt, Umbau vor Ort, Umbau in der Werkstatt? 70
Umbau vor Ort 70
Umbau in einer Werkstatt 72
Vorgefertigte Lösungen 73
Neu, gebraucht oder einmaliger Gebrauch? 74
Fracht- und Transportkosten 75
Lieferung des Containers 76
Aufstellung des Containers 77
Aufstellung mit einem Kran oder Ladekran 78
Isolierung 78
Reinigung des Containers 79
Verankerung des Containers 80
Container verbinden 81
Klammern 82
Verschrauben 82
Schweißen 83

CHECKLISTE UMBAUPLAN, LIEFERUNG, AUFSTELLUNG UND VERBINDUNG 85

KAPITEL 6 - ANBRINGUNG DES DACHS 86

ARTEN VON DÄCHERN 87

Flachdach *87*

Sheddach *88*

Giebeldach *93*

CHECKLISTE DACH 96

KAPITEL 7 - AUßENANSCHLÜSSE: WASSER, ELEKTRIZITÄT, ABWASSER, TELEFON 97

DIE GRUNDSTÜCKSANSCHLÜSSE INSTALLIEREN 100

Elektrische Leitungen und Telefonanschluss *101*

Abwasserrohre installieren *103*

Installation der Wasserleitung *105*

Telefonleitungen *106*

CHECKLISTE FÜR AUßENANSCHLÜSSEN 107

KAPITEL 8 - UMBAU IHRES CONTAINERS 108

ANGRENZENDE CONTAINER ÖFFNEN 109

RAHMENAUSBAU UND EINPASSUNG DER TÜREN UND FENSTER 114

Tür- und Fensterrahmen herstellen *115*

Die Öffnungen schneiden *116*

Türen und Fenster einhängen *119*

CHECKLISTE - TÜREN, FENSTER UND ENTFERNUNG VON INNENWÄNDEN 121

KAPITEL 9 - EINBAU DES BODENS 122

DEN EXISTIERENDEN BODEN ENTFERNEN UND ERSETZEN 123

EINEN UNTERBODEN INSTALLIEREN 124

LUFTUNDURCHLÄSSIGE UNTERLAGE 125

BODEN AUS BETON 126

DEN BODEN FERTIGSTELLEN 127

TEPPICHBODEN VERLEGEN 128

FLIESEN LEGEN 129

LAMINAT VERLEGEN 132

CHECKLISTE BODEN VERLEGEN 134

KAPITEL 10 - RAHMENAUSBAU FÜR DEN INNENRAUM 135

DIE BALKEN SETZEN 136

DIE VERTIKALEN LEISTEN SETZEN 137

INNENTÜREN 138

CHECKLISTE INNENAUSBAU 140

KAPITEL 11 - DECKENINSTALLATION 141

UNVERKLEIDETE DECKE 141

INSTALLATION DER DECKE 142

DECKENINSTALLATION - CHECKLISTE 144

KAPITEL 12 - ANSCHLÜSSE IM INNERN 145

ELEKTRISCHE LEITUNGEN 146

KLEMPNERARBEITEN 148

TELEFON 150

CHECKLISTE FÜR VERSORGUNGSLEITUNGEN IM INNERN 151

KAPITEL 13 - ISOLIERUNG 152

MÖGLICHKEITEN DER ISOLIERUNG 153

Außenisolierung *153*

Innenisolierung *155*

ANBRINGUNG DER ISOLIERUNG 156

ARTEN VON ISOLATION 157

Rollen- oder Mattenisolierung *157*

Dämmplatten *158*

Dämmung mit Bauschaum *159*

CHECKLISTE ISOLIERUNG 161

KAPITEL 14 - TROCKENWÄNDE EINBAUEN UND ANSTRICH VORBEREITEN 162

GIPSKARTONPLATTEN ODER PANEELE ANBRINGEN 163

DEN GIPSKARTON ZUM ANSTRICH VORBEREITEN 164

CHECKLISTE FÜR INNENWÄNDE 165

KAPITEL 15 - FERTIGSTELLUNG DER INNENWÄNDE 167

Anstrich 168

Fertigstellen ohne Anstrich 170

Echte Holzwände 171

Checkliste für die Fertigstellung der Innenwände 172

KAPITEL 16 – ABSCHLUSSARBEITEN AUSSEN 173

Die Außenwand mit Dämmung versehen 173

Das Äußere mit Gips versehen 174

Die Außendämmung streichen 174

Das Äußere ohne Dämmung fertigstellen 175

Den Container streichen 176

Die Außenwand mit Holz verkleiden 177

Checkliste für die Fertigstellung des Äußeren 178

TEIL 2: WAS KANN ICH MIT EINEM CONTAINERHAUS MACHEN? 180

KAPITEL 17 – TOLLE IDEEN ZUM BAUEN MIT CONTAINERN 181

Garagen und Werkstätten 181

Schwimmbecken 183

Bunker für Preppers 187

SCHLUSSBEMERKUNG 192

One Containerhäuser: 193

ANHANG – PLÄNE 197

PLAN 1 197

PLAN 2 200

PLAN 3 203

PLAN 4 206

PLAN 5 209

PLAN 6 212

PLAN 7 215

PLAN 8 218

PLAN 9 222

PLAN 10 225

PLAN 11 227

PLAN 12	230
PLAN 13	233
PLAN 14	236
PLAN 15	239

Häuser aus Seefrachtcontainern – eine Einführung

Die traurige Wahrheit ist, dass es jeden Tag schwerer wird, ein Haus zu kaufen. Vor ein paar Jahrzehnten konnte man noch in ein paar Teilzeitjobs arbeiten und alles zusammenbekommen, was man für ein Haus, ein Auto und alle Rechnungen benötigte. Das ist heute nicht mehr der Fall.

Im Jahr 2016 lag der durchschnittliche Preis eines Hauses bei 356.200 US-Dollar. Wie viele der jüngeren, potentiellen Hauskäufer müssen jeden Cent umdrehen, um über die Runden zu kommen? Die einzigen Möglichkeiten bestehen darin, zu Hause bei der Familie zu bleiben oder ein Haus oder eine Wohnung zu mieten. Und auf lange Sicht ist eine Miete verlorenes Geld. Sie trägt nicht dazu bei, Ihr Vermögen aufzubauen. Zudem steigen auch die Mietpreise ständig an. Da sich die Ausgaben für die Miete auf ein Drittel des Einkommens der meisten Mieter belaufen, bedeutet das eine herbe finanzielle Belastung.

Selbst wenn Sie eine relative finanzielle Stabilität erreicht haben, ist der Kauf eines Hauses eine Entscheidung von erheblicher Tragweite. Sie sind vielleicht in der Lage, die Finanzierung zu bezahlen, aber dann kommen die Hypothekenzahlungen,

Anfangsinvestitionen und hohe Steuern dazu. Und glauben Sie nicht, dass Sie eine Hypothek ohne private Hypothekenversicherung bekommen werden. Das sind weitere 20 Prozent ihrer Hypothek, wenn Sie sie überhaupt bedienen können. Selbst wenn Sie finanziell recht gut dastehen, kann das dazu führen, dass sie in den nächsten zehn Jahren von Lohnzahlung zu Lohnzahlung leben werden. Die Entwicklung läuft auf den Punkt zu, an dem sich die nächste Generation vielleicht gar keine Häuser im traditionellen Sinn mehr leisten kann.

Steigende Preise machen es ständig schwerer, erschwingliche Häuser zu kaufen. Darüber hinaus ist es schwer, dem Trend voraus zu sein. Wenn Sie in die Stadt ziehen wollen, weil sie gehört haben, dass die Grundstückspreise niedrig sind, werden Sie wahrscheinlich bald feststellen, dass die Blase geplatzt ist und die Preise wieder in den Himmel schnellen. Hohe Eigentumspreise sind eine unausweichliche Realität.

Hier kommt die gute Nachricht. Wir haben vor kurzem damit begonnen, Alternativen zu traditionellen Häusern zu suchen. Die Zielrichtung war, dass sie leicht zu bauen sein sollen, geringere Kosten verursachen und auf Dauer tragbar sein sollen. Eine der coolsten Alternativen, die wir untersucht haben, sind Häuser aus Seefrachtcontainern. (Dies ist der korrekte Begriff, aber aus Gründen der Lesbarkeit verwenden wir hier meist den Begriff *Container*.) Sie können für einen Bruchteil der Kosten eines normalen Hauses gebaut, Ihrem Geschmack angepasst und so klein oder groß gestaltet werden, wie Sie mögen.

Es gibt wie bei traditionellen Häusern, verschiedene Möglichkeiten, wenn sie sich mit einem Haus aus Schiffscontainern niederlassen wollen. Bei Containerhäusern haben sie die Möglichkeit, von Grund auf zu beginnen oder einen vorgefertigten Container zu bestellen. Bei steigenden Zinsen entstehen immer mehr Firmen, die Ihnen vorgefertigte Container nach Ihren Wünschen zu erschwinglichen Preisen liefern. Sie müssen ein bisschen mehr bezahlen und der Stil entspricht nicht dem typischen Vorstadthaus, aber man kann sie schon mit schönen, eingebauten Möbeln, Bodenbelag und allen Installationen bekommen. Sie zahlen den Aufbau und Sie haben ein voll funktionsfähiges Heim, das mit minimalem Zeitaufwand erbaut und geliefert werden kann. Da sie weniger als ein traditionelles Haus kosten, ist dies gerade für die jüngere Generation eine hervorragende Möglichkeit, ihr erstes Haus zu kaufen.

Wir untersuchen die Preise von vorgefertigten Containerhäusern und vergleichen sie mit selbstgebauten Modellen. Und wenn Sie der handwerklich begabte Typ sind, zeigen wir Ihnen alle Einzelheiten, die Sie wissen müssen, um den Ausbau selbst in die Hand zu nehmen. Bevor wir aber damit starten, lassen Sie uns kurz einen Blick darauf werfen, worum es bei Containerhäusern eigentlich geht.

Warum sollte man ein Haus aus einem Seefrachtcontainer bauen?

Eine der Konsequenzen von stetig steigenden Preisen ist, dass immer mehr Menschen sich für kleine Häuser interessieren. Seien wir ehrlich: wenn wir in einem traditionellen Haus wohnen, nutzen wir mehr Platz, als wir eigentlich benötigen. Kleine Häuser nutzen den Raum effizienter und kosten weniger Geld. Kleine Häuser versehen Sie zu minimalen Preisen mit dem Raum, den Sie benötigen. Das ist ein guter Anfang, aber egal, wie das Haus aussieht, es kostet Geld. Die meisten frühen Modelle bestanden immer noch aus Wänden aus Betonziegeln. Sie benötigten ein Fundament, Dach und Rohbau nach traditioneller Bauart. Das kann sich schon auf ein ganz hübsches Sümmchen addieren, selbst für ein Haus von weniger als 18 Quadratmetern.

Eine der Innovationen bei kleinen Häusern und Gegenstand dieses Buches sind Häuser aus Containern. Sie sind modular und verfügen über Wände und Dach, so dass ein solches kleines Haus innerhalb von Wochen nach Kundenwünschen gebaut und bezogen werden kann. Und: Das kann zu viel günstigeren Preisen erfolgen, als ein kleines Haus mit traditionellen Baumethoden herzustellen.

Das ist aber noch nicht alles. Da Schiffscontainer modular sind, können Häuser oder sonstige Bauten so klein oder so groß sein, wie Sie wollen. Sie können ein kleines Haus aus einem einzigen Container bauen oder eine Villa, ein Einkaufszentrum, eine Sporthalle oder eine Supermall. Sie können aus diesem vielseitig verwendbaren, alternativen Baumaterial wirklich alles, was Sie sich vorstellen können, bauen.

Hier sind nur einige der Vorteile von Häusern aus Containern:

- *Sie sind erschwinglich* - Sie bekommen ein fertiges Heim für einen Bruchteil der Kosten eines traditionellen Hauses.

- *Sie erfüllen Bauvorschriften oder übertreffe sie* - Egal, wo Sie bauen, Sie müssen die Bauvorschriften beachten. Container sind so konstruiert, dass sie stabil sind. Sie erfüllen die meisten Bauvorschriften oder übertreffen sie sogar.

- *Sie sind transportabel und leicht zusammenzubauen* - Sie können sie hinstellen, wo Sie wollen und ausrichten, wie Sie wollen.

- *Sie bieten mehr als genügend Schutz* - selbst ein Container, der mitten in der Wildnis abgestellt wird, bietet ausreichend Schutz. Wir schauen aber etwas darüber hinaus und schaffen uns ein komfortables, elegantes Heim aus dieser Hülle.

- *Keine Probleme mit der Hitze* - Das Problem lässt sich leicht lösen, so dass die Bewohner zu Hause nicht unter der Hitze leiden.

Ein Aspekt, dem Sie besondere Aufmerksamkeit widmen müssen, wenn Sie sich für ein Containerhaus entscheiden, ist die Isolierung. Ein Container ist eine große Stahlkiste. Das ist für die konstruktive Seite hilfreich, es bedeutet aber auch, dass ein nicht isolierter Container, der der Sonne ausgesetzt ist, im Sommer unglaublich heiß werden kann. Und im Winter kann er so kalt werden, dass Sie ein Feuer brauchen. Metall ist ein hervorragender Leiter für Hitze. Was Sie also tun müssen, ist, die Innen- und /oder die Außenseite ihres Containerhauses zu isolieren, um jederzeit komfortable Bedingungen zu schaffen. Der Vorteil ist, dass, wenn alles erst einmal richtig aufgestellt und eingerichtet ist, Sie eine schwere, stabile Konstruktion haben, die Stürme von über 280 Stundenkilometern aushält. Ein Hurrikan wie Katrina kann ihr Containerheim nicht vom Sockel stoßen.

Was kostet es?

Abhängig davon, was Sie bauen wollen, kann das Budget bei 20.000 US-Dollar für ein kleines Heim liegen oder auch bei bis zu 300.000 bis 400.000 US-Dollar, wenn Sie etwas Spektakuläres bauen wollen. Und das wird es auch sein. Für diesen Preis bekommen sie ein villenähnliches Gebäude, wahrscheinlich autark oder mindestens abgekoppelt vom Versorgungsnetz. Denken Sie darüber nach – eine Villa wird meist zwischen 750.000 und 8 Millionen US-Dollar kosten. Im Vergleich dazu ist ein Gebäude für eine halbe Million ein Schnäppchen. Um es zusammenzufassen, Sie können so wenig oder so viel investieren, wie sie möchten.

Das Erste, was sie wissen müssen, wenn sie ihr Budget planen, ist, dass es zwei Größen von Schiffscontainern gibt. Die kleine und preisgünstigere hat eine Größe von 6,1 m x 2,44 m (20 x 8 Fuß). Sie haben eine Fläche von knapp 15 Quadratmetern. Die größere Variante misst 12,2m x 2,44 m (40 x 8 Fuß) und hat damit eine Fläche von knapp 30 Quadratmetern, ist also doppelt so groß. Sie können sich für einen einzigen Container entscheiden und ein sehr kleines (oder kleineres) Haus bauen oder sie können mehr als einen Container verwenden und sie miteinander verbinden. Das erlaubt es ihnen, ein weitläufigeres Haus zu bauen, das die Fläche der meisten traditionellen Häuser überschreiten wird. Wenn Sie in industriellem Maßstab denken, lassen sich Komplexe aus Schiffscontainern für Schulen, Sporthallen, Wohnungen, Einkaufszentren einsetzen – alles ist möglich.

Ein einzelner Container kostet sie zwischen 1.400 US-Dollar und 4.500 US-Dollar. Wenn Sie ihn von einer Firma kaufen, die vorgefertigte Container vertreibt, wird diese sie wahrscheinlich in großen Stückzahlen kaufen und ihnen einen besseren Preis machen können. Sie wird Sie auch mit Selbstbausätzen von Anfang bis Ende versorgen oder den Zusammenbau für Sie übernehmen. Selbst wenn sie einen Eigenbau planen, ist es sicher möglich, dass sie einen einfachen Container für einen sehr geringen Preis kaufen können.

Das Beste an Häusern aus Containern ist, dass Sie sowohl vorgefertigte als auch Eigenbaumodelle für zwischen 20.000 und 30.000 US-Dollar finden werden. Gleichzeitig finden sie wahrlich phänomenale Häuser, großartige Wunder der Ingenieurkunst, im Bereich von 400.000 US-Dollar. Je größer das Haus, desto größer sind die Ersparnisse im Vergleich zu einem traditionellen Haus vergleichbarer Größe.

Tipp: Was Sie im Auge behalten müssen, ist der Transport. Wo immer sie den Container auch kaufen, sie müssen ihn zu ihrem Baugrund schaffen. Das bedeutet Frachtkosten. Am besten vergeben sie den Auftrag an einen örtlichen Unternehmer. Das reduziert den Transfer und die Arbeitsstunden, um ihn dahin zu transportieren, wo sie ihn brauchen. Vergewissern Sie sich, dass ihr Baugrund vorbereitet ist, bevor der Container ankommt. Meist können die Frachtunternehmer den Container dort abladen, wo Sie ihn benötigen.

Das Fazit

Mit einer Investition von 24.000 US-Dollar erhalten sie wahrscheinlich:

- eine Ein-Raum-Wohnung
- etwa 15 Quadratmeter Wohnfläche
- Küche, Dusche, Badezimmer.

Das ist die Schätzung für ein komplettes, vorgefertigtes Haus. Mit einem Budget von 60.000 US-Dollar können sie die Fläche auf etwa 300 Quadratmeter erweitern und das Innere unterteilen. Der Innenausbau wird bis ins Detail übernommen. Das bringt die Kosten eines voll ausgestatteten Hauses in die Reichweite von jedermann, ungeachtet der handwerklichen Fähigkeiten oder des Einkommens.

Und wenn Sie über Fähigkeiten und Ausrüstung verfügen, die Sie einsetzen können, können Sie die Kosten noch einmal deutlich reduzieren. Das eigene Heim zu bauen, ist eines der größten Vergnügen, die man sich vorstellen kann. Sie können ihre Türen, Fenster, Inneneinteilung, Außenverkleidung, einfach alles genauso gestalten, wie Sie es mögen. Es kostet zwar immer noch Zeit und Geld, aber sehr viel weniger als auf die traditionelle Art und Weise zu bauen. Darüber hinaus müssen Sie sich in den meisten Gegenden nicht um die Bauvorschriften kümmern. Schiffscontainer sind stark genug, um diese Bauvorschriften in den meisten Konstruktionen zu übertreffen.

Eines der herausragenden Merkmale dieser Häuser ist ihre Andersartigkeit. Das kann gut oder schlecht sein, je nachdem, wie Sie damit umgehen. Wenn Sie nur einen Container abstellen und beginnen, darin zu leben, kann das einen schlimmeren Anblick bieten als ein heruntergekommener Schuppen. Sie können sie jedoch aus so gestalten, dass daraus elegante Bauten werden.

Häufig gestellte Fragen

Hier sind ein paar Fragen, die wir häufig hören:

Woraus kann das Fundament bestehen?

Wie bei allen Wahlmöglichkeiten beim Hausbau haben Sie auch hier eine breite Palette an Möglichkeiten. Sie können eine Flachgründung verwenden, eine Pfahlgründung, eine Pfeilergründung oder ein Streifenfundament, wenn Betonguss in ihrem Budgetrahmen liegt. Andere Möglichkeiten sind die Verwendung von Betonblöcken oder der Aufbau auf einem Kriechkeller oder der Aushub eines Kellers. Betonblöcke sind die verbreitetste Lösung und sie lassen sich verstärken, indem der Container mit Stahlverstärkungen am Beton befestigt wird. Der Kriechkeller schafft mehr Lagerraum und den Zugang zu den Außeninstallationen. Der Keller ist die teuerste Variante, aber er schafft auch einen erheblichen Lager- und Wohnraum. Um zu entscheiden, was für einen Unterbau Sie benötigen, müssen Sie zuerst nachsehen, wie der Untergrund ihres Baugrundes beschaffen ist.

Wie sieht es mit Türen und Fenstern aus?

Die eigentliche Frage ist: Wo hätten Sie ihre Türen und Fenster gern? Um Öffnungen in einem Container zu schaffen, müssen Sie sie ausschneiden. Das bedeutet, dass jeder Container nach ihren Vorlieben gestaltet werden kann. Die Türen und Fenster können überall dort sein, wo Sie sie haben möchten.

Was soll ich bei der Isolierung tun?

Wenn der Container Ihr Hauptwohnhaus sein soll, ist die Isolierung ein Muss. Auch hier gibt es ein paar Optionen. Sie können Isolierungen aus Schaum, Rollen oder Matten verwenden. Es wird dringend empfohlen, die Außenseite ihres Hauses zu isolieren, denn das verhindert, dass der Container Hitze oder Kälte absorbiert und die Kosten ihrer Klimaanlage in die Höhe treibt.

Bauten ohne Isolierung der Außenwände müssen von innen isoliert werden. Auch wenn bei dieser Methode etwas mehr Material gebraucht wird, wird es funktionieren.

Brauche ich eine Bedachung?

Das hängt davon ab, was Sie möchten. Sie können ein flaches Dach verwenden und den Container so belassen, wie er ist. Allerdings kann sich Wasser auf dem Dach des Containers sammeln, was bei der Verwendung von zwei oder mehreren Containern noch schlimmer wird. Wenn Sie eine Dachkonstruktion vorsehen, verbessern Sie die Abflussmöglichkeiten des Wassers und verhindern die Gefahr, dass sich Wasser auf dem Dach sammelt.

Wenn Sie ein vorgefertigtes Modell kaufen, können Sie eine Bedachung in wenigen Stunden aufsetzen. Im Allgemeinen wird sie entweder geschweißt oder geklammert. Das ist fast eine Sofortlösung für das Abführen von Wasser. Das Dach hilft auch bei der Reduzierung von Hitze und Reflektionen. Das ist besonders wichtig, wenn sie mehrere Container verbinden. Die Verbindung macht sie anfälliger für Wasserschäden. Ein Dach kann ihren Container also kühl halten und gleichzeitig vor Wasserschäden schützen.

Das Tolle daran ist, dass sich mit ein wenig Einfallsreichtum und ein paar Schweißarbeiten Details zu ihrem Heim hinzufügen lassen. Anpassbar, ist das passende Wort. Sie bekommen das Haus, das Sie möchten.

Einige tolle Anbieter

Nachdem wir nun dargelegt haben, was Sie mit Containerhäusern machen können, lassen Sie uns einen Blick auf einige der besten Designs werfen, um ihre kreativen Säfte in Gang zu bringen. Denken Sie daran, dass die meisten der folgenden Modelle mit Hilfe einer Firma, die vorgefertigte Container zusammenbaut, hergestellt sind. Für einen ersten Versuch sind sie ein wenig zu kompliziert, aber sie zeigen, dass Sie mit Containern fast alles tun können, was Sie sich vorstellen.

Hive Modular

Image Source: JetsonGreen.com.

Wie Sie am Aussehen des Designs erkennen, ist Hive genau die richtige Adresse, wenn es darum geht, Container in einen komfortablen Wohnraum zu verwandeln, der keine Verwunderung bei den Nachbarn hervorruft. Hive beschäftigt ein Team von Architekten, um das grundlegende Design und die konstruktiven Details abzudecken und arbeitet mit Bauunternehmern zusammen, so dass Sie einen Wohnraum von höchster Qualität erhalten. Hive gehört zu den führenden Unternehmen der Branche und baut alles von den kleinsten Häusern bis zu Gebäuden, die eine Fläche von mehr als 280 Quadratmetern haben.

Rhino Cubed

Image Source: Outfront.com.

Wie das Bild zeigt, bevorzugt Rhino einen offeneren Bauplan. Sie sind auch für kleinere Gebäude etwas teurer, aber Sie werden das Design sicher lieben. Wenn Sie sich also für Rhino entscheiden, beginnen die Preise für ein 15-Quadratmeter-Haus bei 33.600 US-Dollar. Wenn Sie die gesamte Arbeit erledigen lassen, kostet es Sie etwa 52.500 US-Dollar. Das Haus ist voll ausgestattet und zum Einzug bereit, sobald es aufgebaut ist.

Eins der richtig coolen Dinge bei Rhino ist, dass sie Erweiterungskuben anbieten, die mit Dusche, Toilette, Elektrik und Wohnraum ausgestattet sind. Jeder Erweiterungskubus kann als weiteres Schlafzimmer oder Flügel des Hauses verwendet werden.

Honomobo

Bildquelle: Honomobo.com.

Einer der aufsteigenden Sterne auf unserer Liste ist Honomobo. Ihre Lieferreichweite ist noch begrenzt, daher können Sie ihre Dienste nur in Anspruch nehmen, wenn Sie in Kalifornien oder Washington leben. Planen Sie einfach Ihr Haus, bestellen Sie es online mit dem Design ihrer Wahl und lassen sie es in den nächsten sechs bis zwölf Monaten bauen und aufstellen. Alle Konstruktionen erfüllen die örtlichen Bauvorschriften. Zudem sind die Häuser der mittleren Preisklasse bereits mit mehr als zwei Pfund geschlossenporigem Polyurethanschaumstoff vorisoliert. Diese kosten Sie zwischen 173.236 und 302.768 US-Dollar und sind voll ausgestattet und einzugsbereit.

Logical Home

Image Source: LogicalHomes.com

Logical Homes ist ein weiterer Topanbieter, der innovative Modelle anbietet. Die Modelle sind teurer, aber man sieht die Verarbeitungsqualität. Im Jahr 2010 kostete ein Sparmodell mit 15 Quadratmetern Fläche etwa 49.000 US-Dollar. Das größte Modell kostet jedoch 450.000 US-Dollar und bietet eine Wohnfläche von knapp 360 Quadratmetern. Logical Homes könnte jeden Kundenwunsch erfüllen und bieten eine Vielzahl von Finanzierungsoptionen an.

Wo ist der Haken?

Es gibt eigentlich nicht zu viele Nachteile bei der Verwendung von Containerhäusern. Sie sind modular aufgebaute, baulich stabile Blöcke, die zur Herstellung jeder Art von Bau verwendet werden können. Sie eignen sich sehr gut zum Bau von kleinen Häuser bis zu großen Villen. Außer Wohnhäusern lassen sich damit auch Büros, Hütten, Garagen und Studios bauen. Sie lassen sich kombinieren, um Lagerhäuser, Sportstudios, Einkaufszentren und was Sie sich sonst noch vorstellen können zu errichten. Und das

Beste daran ist, dass die Gestaltungsmöglichkeiten unendlich sind und sich zwischen sperrig und elegant bewegen.

Container sprachen zunächst die Heimwerkergemeinde an, die versuchte, kostengünstig ein Haus zu bauen. Dafür eignen sie sich sehr gut. Wenn Sie auf der Suche nach kostengünstigen Unterkünften sind, brauchen Sie nur ein bisschen Zeit, ein paar Werkzeuge und ein paar Kenntnisse, um schnell einen Container in ein schönes Zuhause umzugestalten. Aber der Markt hat sich mittlerweile entwickelt und umfasst auch Menschen, die ihr erstes Haus bauen wollen oder nach einem preisgünstigen Weg suchen, ihr Heim zu verbessern oder ein neues Haus zu bauen. Nachdem erst einmal das Potenzial der Bauweise mit Containern erkannt worden war, ist davon auch bei kommerziellen und staatlichen Bauten Gebrauch gemacht worden.

Natürlich hat jede Bauweise auch ihre Herausforderungen. Auch beim Bau mit Containern gibt es Erwägungen, die man beachten muss. Selbst mit niedrigeren Bau- und Unterhaltungskosten muss man die Hindernisse kennen, um sie bewältigen zu können. Machen wir also einen Schritt zurück und schauen uns die Vor- und Nachteile von Containerbauten an.

Vorteile von Seefrachcontainern

- **Vorgefertigte Containerhäuser,**

Wenn Sie sich dafür entscheiden, mit vorgefertigten Einheiten zu arbeiten, wird sich ihre Bauzeit drastisch reduzieren. Sie können ihr fertiges Heim in weniger als drei Monaten erhalten. Außerdem ist die Einhaltung der Bauvorschriften auf dieser Weise viel einfacher. Alles wird schon im Werk inspiziert, bevor es zu ihrem Grundstück transportiert wird.

- **Anpassungsmöglichkeiten**

Hier beginnt der Spaß für den handwerklich begabten Bauherrn. Außerdem können Sie, wenn ihr Budget es hergibt, wirklich kreative und innovative Wohnungen bauen. Die Arbeit mit vorgefertigten Bauteilen gleicht dem Spiel mit Bauklötzen. Es braucht noch etwas abschließende Arbeit, aber es ist großartig, ein Heim vor den eigenen Augen entstehen zu sehen.

- **Einfacher Transport und einfache Aufstellung**

Container werden überall auf der Welt transportiert, zu Häfen, Baustellen, Fabriken und Werksanlagen. Sie werden also leicht einen in ihrer Nähe finden. Wenn er erst einmal auf ihrem Grundstück steht, ist es ein Leichtes, ihn an den vorgesehenen Platz zu rücken.

- **Vorhersagbare Kosten**

Hier unterscheiden sich die vorgefertigte Lösung und die Heimwerkerlösung. Wenn Sie sich für vorgefertigte Modelle entscheiden, bekommen sie feste Raten für die gesamte Konstruktion, so dass sie schon am Anfang wissen, was sie investieren müssen. Wenn Sie den Aufbau selbst erledigen wollen, kann es unerwartete Kosten geben. Aber dennoch: Die Kosten belaufen sich auf einen Bruchteil der

Kosten der traditionellen Bauweise von Häusern vergleichbarer Größe. Darüber hinaus müssen Sie sowohl beim Eigenbau als auch bei vorgefertigten Lösungen bestimmte Kosten einplanen wie Lieferung, die Vorbereitung des Baugrundstücks, den Zusammenbau und den Anschluss an das öffentliche Versorgungssystem. Am besten sieht man einen Puffer von 5 bis 10 Prozent beim Budget für unerwartete Dinge vor.

- **Recycling**

Einer der ansprechendsten Aspekte bei Containerkonstruktionen ist der Umstand, dass es einen Überschuss an Containern gibt, die außer Gebrauch sind. Wenn Sie solche Container verwenden, nutzen sie vorhandene Materialien erneut. Allerdings ist die Recyclingbilanz nicht so gut, wie man meinen könnte. Davon sprechen wir noch im Abschnitt über die Nachteile.

Zusätzlich zu den genannten Vorteilen kommt noch die kurze Bauzeit. Das ist bei weitem eines der zwingendsten Argumente, aber das gilt für alle vorgefertigten, modularen Häuser. Container sind Teil einer weltweiten Infrastruktur, so dass sie überall verfügbar sind, wo immer Sie sich befinden. Zudem können Sie, falls das einmal erforderlich wird, Ihr gesamtes Heim mitnehmen und an einen anderen Ort versetzen. Da es bereits ein globales Netz für den Transport solcher Container gibt, wird ein solches Vorhaben viel einfacher. Und letztendlich sind die benötigten Fachkenntnisse für den Bau von Containerhäusern minimal.

Das ist ein ziemlich genauer Überblick über die Vorteile der Containerbauweise, lassen Sie uns jetzt einen Blick auf die Nachteile werfen. Woran muss man bei diesen Konstruktionen denken? Gibt es besondere Erwägungen und Bautechniken? Zusätzlich gibt es ein paar Details hinsichtlich des Recycling- und Nachhaltigkeitsaspektes, die wir genauer unter die Lupe nehmen sollten.

Nachteile von Seefrachtcontainern

- **Das Recycling ist nicht perfekt.**

Wenn Sie einen Container verwenden, der nach seinem Frachtleben ausgemustert wurde, klasse! Tolles Recycling. Aber die Container werden häufig Dellen und Rost aufweisen, so dass sie einer gründlichen Überholung bedürfen, bevor sie in ein Haus verwandelt werden können. Eine Möglichkeit ist, einen Container zu kaufen, der nur eine Reise hinter sich hat. Dann werden Sie keine Probleme mit Rost, Lecks oder Beulen haben. Aber dann nehmen Sie natürlich einen Container aus dem Umlauf, was den Bau und die Inbetriebnahme eines neuen erforderlich macht. Wenn man bedenkt, dass die gleiche Menge Stahl für fünfzehn traditionelle Häuser verwendet werden könnte, ist die Verwendung eines einmal verwendeten Containers nicht die beste und effektivste Nutzung globaler Materialien.

- **Container sind konstruktiv nur an einigen Stellen stabil**

Zu Land ist zu beachten, dass die Ecken von Containern die stabilsten Teile sind. Sie sind die einzigen stabilen Stützpfeiler. Zudem ist das Dach nicht besonders stark. Das hat ein paar Folgen. Erstens ist eine Verstärkung nötig, wenn man einen Container auf einen anderen Teil als eine Ecke stapeln will. Zweitens beeinträchtigt man die bauliche Stabilität der Seitenwände, wenn man eine Tür oder ein Fenster hineinschneidet. Auch diese Partien bedürfen einer Verstärkung, insbesondere, wenn Sie beabsichtigen, etwas Schweres auf dem Container zu platzieren. Schließlich benötigt der Bau ein Dach zur Isolierung, Beschattung, Wasser- und Schneeableitung.

- **Auch toxische Güter werden mit Containern befördert**

Container werden für den Transport von allen möglichen Gütern verwendet. Schwergüter, Verbrauchergüter, alles, was hineinpasst. Das heißt, sie müssen ihre Hausaufgaben machen, wenn Sie ihn selbst aussuchen. Fragen Sie, was in dem Container üblicherweise transportiert wurde. Achten Sie auf den Geruch, wenn Sie ihren Container untersuchen. Das wird ihnen zeigen, ob damit toxische Chemikalien transportiert wurden. Wenn Sie sich darüber klar sind, was transportiert worden ist, gilt es noch die Farbe und den Anstrich des Containers selbst zu untersuchen. Sie werden feststellen, dass oft bleihaltige Farbe und toxische Pestizide benutzt wurden, um die Lebensdauer des Containers zu verlängern. Wahrscheinlich müssen Sie den Holzboden ersetzen und die Innenseite mit Sprühschaum auskleiden, um zu gewährleisten, dass Sie und Ihre Familie sicher sind.

- **Vorhandener Raum**

Das ist ein großes Thema, insbesondere wenn Sie planen, nur einen einzigen Container als Haus zu verwenden. Container sind schmal, um die Transportbedingungen zu erfüllen. Das bedeutet, dass es eine Herausforderung sein kann, alles, was sie benötigen, darin unterzubringen. Neben dem Wohnraum ist dabei die Isolierung, die Klempnerarbeiten, die Elektrik, Klimaanlage und andere Infrastruktur zu beachten. Sie erfordern ebenfalls Platz, wenn es auch clevere Lösungen dafür gibt. Container haben aufgrund ihres Zweckes auch nur eine bestimmte Höhe. In den meisten Fällen wird Ihre Innenhöhe 2,6 Meter vor dem Einbau der Deckeninstallationen betragen.

- **Isolierung ist entscheidend**

Gut, es handelt sich um eine große Metallkiste. Außerdem ist sie lang und schmal. Das bedeutet, dass die Temperatur, die vom Container absorbiert wird einen Einfluss auf die Temperatur Ihres Heims haben wird. Die beste Lösung ist, das Innere Ihres Containers mit einer einige Zentimeter dicken Schicht Bauschaum zu bedecken. Am besten isolieren Sie die komplette Außenseite ebenfalls. Isolierung aus Bauschaum eignet sich gut für den Boden des Containers, bevor Sie ihn auf sein Fundament setzen. Die beste Isolierung für die Seiten und die Decke hängt von der Bedachung ab, die Sie wählen, und wie Sie das Äußere verkleiden wollen. Eine weitere Option besteht darin, außerhalb der Außenwand zu bauen, obwohl das nicht die kostengünstigste und zeitsparendste Möglichkeit ist.

Kostenaufstellung

Wenn Sie nach Informationen suchen, werden Sie schnell auf erstaunliche Geschichten von lächerlich günstigen Containerhäusern stoßen. In einem Fall hat ein Australier ein ansprechendes kleines Haus für etwa 10.000 US-Dollar gebaut. Ein kanadischer Ingenieur hat etwas Ähnliches geschafft und ein komfortables Haus für zwei Personen für weniger als 20.000 US-Dollar gebaut. Die Kosten werden definitiv geringer sein, wenn Sie Ihr Haus im Eigenbau bauen, anstatt auf vorgefertigte Lösungen zurückzugreifen. Obwohl es immer mehr Wahlmöglichkeiten gibt, scheint es, dass der Preis der vorgefertigten Containerhäuser ebenfalls steigt. Das bedeutet jedoch, dass ein großzügiges Containerhaus, komplett gebaut, ausgestattet und schlüsselfertig, etwa das Gleiche kostet wie ein bescheidenes traditionelles Haus.

Kostenvergleich eines HO8 und eines traditionellen 130 Quadratmeter Hauses

	Honomobo HO8 Containerhaus auf 1400 sq. ft	Vor Ort gebautes, Holzrahmenhaus 1400 sq. ft
Baupreis	$ 335,000*	$ 308,000**
Lieferung	$ 13,500***	Im Preis inbegriffen
Bauplatzvorbereitung, Fundament	$ 15,000	$ 15,000
Abwasser-, Wasser- und Stromanschluss	$ 20,000	$ 20,000
Entwicklungskosten/ Genehmigungen	$ 10,000	$ 10,000
GESAMT	**$ 393,500**	**$ 353,000**

(Die Preise basieren auf einer Honomobo Schätzung aus dem Jahr 2018 für vorgefertigte Containerhäuser in Kanada)

Wie Sie sehen, löst ein Containerhaus nicht alle Preis- und Nachhaltigkeitsprobleme sofort. Dennoch bietet es eine erstaunliche, effiziente und kostengünstige Alternative zu traditionellen Häusern

Teil 1 dieses Buches widmet sich detailliert dem Bau Ihres eigenen Containerhauses. In Teil 2 werfen wir einen Blick auf einige besondere Fälle und bemerkenswerte Designs.

Wenn Sie nach neuen Ideen suchen und ihrer kreativen Ader freien Lauf lassen wollen, sollten Sie hier hineinschauen.

Teil 1: Die Grundlagen

In Teil 1 erkunden wir die Grundlagen für den Bau Ihres Containerhauses. Die Bilder illustrierten den Prozess des Fortgangs der Konstruktion. Wenn Sie planen, Ihr eigenes Containerhaus zu bauen, aber nicht wissen, wie Sie beginnen wollen, finden Sie hier die richtige Vorgehensweise. Teil 1 vermittelt Ihnen alles, was Sie wissen müssen, von der Planung bis zur Fertigstellung Ihres Projektes. Wir erläutern die Einzelheiten der Planung, des Kaufs, des Umbaus, der Aufstellung und mehr!

Beim Bau Ihres Hauses geht es um Wahlmöglichkeiten. Es geht darum, dass Sie Ihr Zuhause so gestalten, dass es Ihre Bedürfnisse erfüllt, aber das ist nur der Anfang. Sie wollen sich ja auch in Ihrem Heim wohlfühlen. Es ist ein Spiegelbild dessen, wer wir auf ganz persönlicher Ebene sind. Für alles von der Einrichtung, üben den Boden, die Wandgestaltung bis hin zur Decke haben Sie verschiedene Wahlmöglichkeiten. Es gibt verschiedene Möglichkeiten für die Isolierung und den Ausbau, die Dachgestaltung, die Gestaltung des Äußeren - Sie müssen praktisch bei jedem Schritt eine Wahl treffen.

Das Ziel von Teil 1 ist es daher, diese Wahlmöglichkeiten zu beleuchten und vorzustellen, was sie erfordern. Bei der Planung ist wichtig, dass Sie Zeit, Materialien, Fachkenntnisse, Zeitpläne und

Budget in Betracht ziehen. Wenn Sie selbst nicht in der Lage sind, eine Leistung für den Bau Ihres Hauses zu erbringen, benötigen Sie eine alternative Lösung. Eine preisgünstigere Option, ein Unternehmen für die Teile, die Sie nicht selbst bearbeiten können oder wofür Ihnen die Zeit fehlt, materialsparende Designs - jede dieser Maßnahmen kann Ihnen helfen, potentielle Verzögerungen zu vermeiden oder wieder einen Schritt zurückzugehen. Wenn Sie sich näher mit den verschiedenen Möglichkeiten auseinandergesetzt haben, werden Sie in der Lage sein, solche zu wählen, die Ihren Bedürfnissen und Ihrem Budget am besten entgegenkommen. Aber lassen Sie uns zuerst einen genaueren Blick auf Containerhäuser werfen.

Die Geschichte der Containerhäuser

Im frühen 20. Jahrhundert wurde der Großteil der Fracht verpackt, um sie zur Eisenbahn oder zum Hafen zu transportieren, dort angekommen wurde sie ausgepackt und umgepackt, wieder ausgepackt, wenn der Zug oder das Schiff den Zielort erreicht hatte, erneut auf Wagen oder Fuhrwerke geladen und schließlich am Zielort ausgepackt. Man stelle sich das vor. Viele Arbeitsstunden wurden darauf verwendet, die Waren zu verpacken und wieder auszupacken und es war darüber hinaus günstig, Angestellte vor Ort zu haben, um die Güter zu schützen.

Das änderte sich in den 50er Jahren des 20. Jahrhunderts. Ein Mann namens Malcolm McLean kam auf die brillante Idee, große Stahlbehälter zu bauen, um Waren aufzunehmen. Sie konnten versiegelt werden und von ihrem Ausgangsort zum Bahnhof oder Hafen transportiert werden, von dort zum Bestimmungsbahnhof oder -hafen und schließlich am Zielort ankommen, ohne dass sie den Stahlcontainer verlassen hatten. Frachtcontainer wurden stabil und robust gebaut, um Massengüter bequem und effizient transportieren zu können. Diese Erfindung revolutionierte die

Frachtindustrie. Die Container wurden vorherrschend und finden sich heute in jedem Winkel der Welt.

Obwohl sie schon immer das Potential in sich bargen, dauerte es bis in die achtziger Jahre, bis das erste Patent zur Umwandlung eines Frachtcontainers in eine Behausung angemeldet wurde. Der Überschuss an Frachtcontainern und die steigenden Kosten für Häuser regten eine brillante Lösung an, die zu Generationen von modularen Häusern aus bereits vorhandenen Materialien führte. Und wie schon erwähnt endet es nicht bei Häusern. Wie sieht es mit Sporthallen aus? Ein Einkaufszentrum oder eine Schule? Ein Komplex von Wohnungen? Es ist eine elegante Lösung, eine, die Ihnen Geld, Bauzeit und Probleme mit Bauvorschriften auf einen einzigen Schlag ersparen wird.

Aus diesem Grund hat die Verwendung von Container zu Bauzwecken insbesondere in den letzten zwanzig Jahren einen Aufschwung erfahren. Containerhäuser und -gebäude sind in Europa so populär geworden, dass sie fast schon zum Mainstream gehören. In dichtbevölkerten Regionen können Container zum Bau von Wohnkomplexen genutzt werden. Sie werden schon für innovative Häuser, Einkaufszentren, öffentlich finanzierte Gebäude und viele andere konstruktive Zwecke verwendet, v.a. da sie beliebig modifiziert werden können und man bei der Gestaltung der Türen, Fenster, Böden und anderer Gestaltungsoptionen nicht begrenzt arbeitet.

Europa ist nicht die einzige Gegend, die die Nachricht verstanden hat. Überall auf der Welt suchen Menschen nach preiswerten Lösungen für Wohnraum, Büros, Arbeitsplätze, Ställe, überall wo preisgünstige und nachhaltige Behausungen gebraucht werden. Aus diesem Grund hat sich die Bauweise mit Container überall auf der Welt verbreitet. Ob Sie nach etwas Preisgünstigem, Nachhaltigem oder Grünen suchen: ein Container kann nach Ihren Bedürfnissen gestaltet werden. Praktisch jeder kann ein einzigartiges und schönes Zuhause nach seinen Wünschen bauen. Und dazu ist es in wenigen Monaten schlüsselfertig.

Was ist der Kernpunkt?

Wir haben uns bemüht, einen vorurteilsfreien Blick auf Containerhäuser zu werden, was sie kosten, was innerhalb des Möglichen ist. Wir wissen, dass sie konstruktiv stabil sind, nachhaltig (wenn man es richtig anstellt) und relativ preisgünstig. Sie können in einer energieeffizienten Bauweise hergestellt werden und aus überschüssigem Material, das in praktisch jeder Stadt der Welt verfügbar ist. Wenn Sie Ihr eigenes Haus bauen wollen oder sich schwertun, ein erschwingliches Haus zu finden, ist das eine Option, die Sie sich anschauen sollten.

Hier sind ein paar Dinge, die Sie beim weiteren Lesen im Gedächtnis behalten sollten:

- **Containerhäuser lassen sich schnell bauen**

  Die Bauweise mit Containern reduziert die Zeit zwischen der Beschaffung und dem Einzug dramatisch. Traditionelle Häuser benötigen einige Monate, um gebaut zu werden. Container können innerhalb von Tagen nach dem Umbau aufgestellt werden. Wenn Sie alles selber machen, kann es zwar ein paar Monate dauern, aber Sie bekommen ein voll ausgestattetes Haus für ein Zehntel der Kosten.

- **Containerhäuser können umweltfreundlich sein**

  Der Umweltaspekt wurde schon angesprochen. Die meisten traditionellen Häuser werden aus Holz, Zement oder Ziegelsteinen gebaut. Container sind bereits vorhanden, so dass Sie mit ihrer Verwendung den CO_2-Fußabdruck nicht vergrößern. Vor allem, wenn Sie einen Container finden, der bereits ausgemustert ist. Das bedeutet, dass Sie Material wiederverwenden, das ansonsten ungenutzt herumstehen würde.

- **Container sind besonders stabil**

Dies ist einer der größten Vorteile von Containern. Sie sind stabil gebaut und so gestaltet, dass sie den härtesten Umweltbedingungen standhalten. Das macht sie ideal für Notunterkünfte. Man muss sie nur hinstellen und schon hat man etwas, das problemlos einem Hurrikan widersteht. Auch im Krieg sind sie so verwendet worden.

- **Container sind preisgünstig**

Einer der größten Kosten- und Zeitfaktoren beim Bau eines traditionellen Hauses ist der Bau der Wände. Bei einem Containerhaus, sind die Wände bereits vorhanden. Wenn Sie es richtig anstellen, können Sie ein Haus für unter 20.000 US-Dollar bekommen. Weitergehende Modifikationen bedeuten höhere Kosten, aber sie ermöglichen es auch, dass Sie ihre Vorstellungen verwirklichen können.

- **Container können auch nachträglich noch bewegt werden**

Um es vorwegzunehmen: es ist nicht so einfach, ein Haus aus Containern zu bewegen, nachdem es einmal aufgestellt worden ist, insbesondere, wenn es aus mehreren Containern besteht. Aber es ist möglich. Sie benötigen etwas zusätzliche Arbeit und müssen auspacken, wenn Sie auf dem neuen Grundstück ankommen, aber sie können es möglich machen. Das gibt der Konstruktion von Containerhäusern einen entschiedenen Vorteil gegenüber traditionellen Häusern.

Wie bei allen Dingen hilft es, wenn Sie Ihre Hausaufgaben machen, bevor Sie beginnen. Im Verlauf dieses Buches zeigen wir Ihnen alles, was Sie wissen müssen, um Ihr Containerhaus zu erwerben, umzubauen, fertigzustellen und zu beziehen. Wir behandeln jedes Detail und geben Ihnen Tipps, die Ihnen helfen, Verzögerungen und teure Fehler zu vermeiden. Sie finden alle Hinweise, die Sie benötigen, um ein schönes und elegantes Heim für weniger als 40.000 US-Dollar zu bauen, das stabil genug ist, um mehrere Lebenszeiten ohne größere Reparaturen oder Kosten zu überdauern. Ihr Heim kann schnell und leicht auf Ihre Bedürfnisse zugeschnitten werden.

Wenn Sie also Ihr Heim mit minimalen Kosten bauen, umweltfreundliche und nachhaltige Architektur verwenden oder ein Haus ganz nach ihren Vorstellungen gestalten wollen, ist ein Containerhaus perfekt, für Sie. In einer Zeit, in der die Welt dringend auf der Suchen nach grünen Alternativen für traditionelle Häuser ist, bietet ein Haus aus Containern eine einfache und effektive Lösung.

Der Zweck von Teil 1 ist es, einen detaillierten Überblick über jeden Schritt des Prozesses zu bieten, von der Auswahl des Containers, über den Transport, das Fundament, die Versorgungsanschlüsse, den Umbau bis zur Fertigstellung. In jedem Kapitel wird ein Aspekt des Baus ausführlich beschrieben, beginnend mit dem Planungsprozess bis zum fertiggestellten Haus. Jedes Kapitel enthält Bilder, die echte Beispiele zeigen und helfen, die Theorie in die Praxis zu überführen.

Kapitel 1 – Der Bau eines Containerhauses: eine Zusammenfassung

Frachtcontainer sind nicht das Allheilmittel für ihren Baubedarf. Wenn Sie allerdings etwas möchten, was schnell und leicht machbar ist, sind sie das Mittel der Wahl. In Bezug auf die Baugeschwindigkeit und die einfache Herstellung, sind Containerhäuser unschlagbar. Viele Erwägungen beim Bau sind die gleichen, aber da Sie mit einer vorgefertigten Hülle arbeiten, müssen Sie sich um Vieles keine Gedanken machen. Übersetzt heißt das, Sie sparen tausende von Dollar und viele Monate Bauzeit.

Der erste Schritt beim Bau Ihres Hauses ist die Planung. Wie viel Platz benötigen Sie? Wie viele Bade- und Schlafzimmer? Was für Ansprüche an Elektrik und Versorgung haben Sie? Wenn Sie erst einmal eine Vorstellung haben, in welche Richtung es gehen soll, ist es an der Zeit, Ihr Budget zu überprüfen. Was können Sie sich leisten? Containerhäuser bieten manch clevere Option, um den Raum zu optimieren, so dass Sie etwas Spielraum haben, wenn Sie die Wohnfläche planen. Durchdenken Sie den gesamten

Prozess und stocken Sie die kalkulierte Summe um 5 - 10 % auf, um auf Reserven zurückgreifen zu können. Damit sind Sie vorbereitet, falls Probleme auftreten sollten. Denken Sie daran, die Bauvorschriften zu überprüfen, so dass Sie nicht massive Veränderungen vornehmen müssen, wenn Sie schon halb fertig sind.

Also gut. Die Planung steht. Was kommt als nächstes?

Der nächste Schritt ist, ein Baugrundstück zu finden und es vorzubereiten. Wenn Ihr Container anrollt, müssen Sie ihn irgendwo hinstellen und wenn Sie ihn direkt auf das Fundament stellen können, müssen Sie sich später einmal weniger den Kopf zerbrechen. Bereiten Sie also das Fundament vor, lassen Sie die Tragfähigkeit des Bodens von einem geotechnischen Dienstleister überprüfen und finden Sie heraus, wie tief sie mit dem Fundament gehen müssen. Dann sollten Sie das Fundament anlegen, damit die Tieflader die Container gleich an der richtigen Stelle abladen können.

Wenn Sie mit dem Fundament fertig sind, ist es Zeit, den Container zu beschaffen. Jetzt sind Entscheidungen zu treffen. Vorgefertigt oder Konstruktion vor Ort? Ein neuer oder ein gebrauchter Container? Ist es nah genug, so dass Sie ihn vor dem Kauf inspizieren können? Bezahlen Sie unnötige Transportkosten? Können Sie einen Deal mit einem Anbieter von vorgefertigten Containern oder einer Baufirma machen? Denken Sie daran, dass diese Hülle das Skelett Ihres Hauses ist. Davon hängt die bauliche Stabilität ab. Wenn Sie eine lange Lebensdauer anpeilen, benötigen Sie einen stabilen, makellosen Container, der keine Anzeichen von Rost, Lecks oder Dellen aufweist.

Sehen Sie zu, dass er leicht zum Grundstück oder zur Werkstatt, in der er umgebaut wird, transportiert werden kann. Das bezieht sich sowohl auf die Frachtkosten als auch auf die Transportkosten vom Ausgangsort. Denken Sie auch daran, dass es einfacher ist, eine Isolierung mit Sprühschaum am Boden anzubringen, wenn der Container aufgestellt wird als wenn er erst einmal steht.

Auch die Zeitplanung spielt eine Rolle. Wenn Sie den Umbau vor Ort vornehmen, benötigen Sie zunächst Anschlüsse für Elektrizität und Wasser. Es ist ebenfalls wichtig, dass sie alle Bauunternehmen für den Zeitpunkt engagieren, wenn Sie sie wirklich brauchen, so dass keine unnötigen Kosten entstehen. Das kommt direkt nach der Aufstellung. Danach vergewissern Sie sich, dass der Boden und das Fundament des Containers tragen können. Wenn die Container an der richtigen Stelle platziert sind, sollten sie mit dem Fundament und auch untereinander verbunden werden, falls Sie mehr als einen haben.

Wenn Sie Ihren Umbau vor Ort durchführen, beginnt jetzt der Spaß. Es ist Zeit, die Fenster und Türen auszuschneiden, die Raumaufteilung vorzubereiten, die Böden herauszureißen und neu zu verlegen und ganz allgemein gesprochen, das Innendesign ihres Hauses zu erschaffen - Rahmen und Türen im Innern und nach draußen, Fertigstellung von Wänden und Böden. Das alles führt Sie zu dem Teil, der richtig Spaß macht.

Bevor wir hier aber zu sehr in die Tiefe gehen, ist es am besten, wenn Sie erst einmal Ihr Dach aufsetzen. Das ist keine absolute Notwendigkeit, es wird aber die Lebensdauer Ihres Hauses um mehr als ein Jahrzehnt verlängern. Auch die Heiz- und Klimatisierungskosten werden durch ein Dach verringert, da es eine natürliche Isolierung der Decke Ihres Containers bietet. Wenn Sie es noch nicht getan haben, ist es jetzt wichtig, dass Sie sich dem Boden zuwenden. Da die hölzernen Böden von Frachtcontainern oft mit Pestiziden oder anderen Giften behandelt sind, ist es am besten, den Boden zu entfernen oder ihn mit einer Deckschicht zu versiegeln.

Nach dem Innenausbau Ihres Containers ist es an der Zeit, sich um die Versorgungsanschlüsse zu kümmern. Verlegen Sie die elektrische Leitung und die Telefonanleitung zum Haus sowie die

Wasser- und Abwasserleitung. Wenden Sie sich jetzt der Isolierung zu. Verkleiden Sie die Innenwände und verwenden Sie Bauschaum, wobei Sie darauf achten müssen, für die hausinterne Verlegung der Versorgungsleitungen Platz zu lassen. Wie Sie richtig vermuten, ist das der nächste Schritt. Verlegen Sie die Elektrik und die Telefonleitungen im ganzen Haus und installieren Sie Wasserhähne, Toiletten und Abwasserleitungen. Wenn Sie alles im Voraus geplant haben, sollte das relativ leicht zu erledigen sein.

Die abschließenden Schritte sind ästhetischer Natur – die Fertigstellung des Bodens, der Wände, Schränke und Regale für die Lagerung, Küche, Badezimmer und das Äußere des Gebäudes. All die kleinen Details, die ein Zuhause ausmachen. Nachdem Sie das erledigt haben, ist es an der Zeit, Möbel aufzustellen und einzuziehen. Das ist alles, was Sie über die Errichtung eines nach Ihren Wünschen gestalteten Hauses aus Containern wissen müssen.

Die folgenden Kapitel erläutern jeden dieser Schritte im Detail, so dass Sie ein Haus genau nach Ihren Wünschen bauen können, und das mit minimalen Kosten.

Kapitel 2 – Planungszeit

Der erste Schritt, einen Traum Wirklichkeit werden zu lassen, ist eine sorgfältige Planung. Wenn Sie sich also für ein Haus aus Containern entscheiden, sollten Sie jetzt Papier und Bleistift holen. Überprüfen Sie die Finanzen, sehen Sie sich den Raum an, den Sie benötigen und entwerfen Sie die äußere Struktur auf dem Papier. Wie hoch ist das Mindestbudget, das Sie aufwenden können und was können Sie dafür bekommen? Was würden Sie unbedingt gerne haben, wenn Sie könnten? In welchem Teil des Prozesses würden Sie wissen, ob Veränderungen möglich sind?

Hier sind ein paar Hinweise, um sich zu vergewissern, dass Ihr Planungsprozess auf der richtigen Spur ist:

Was brauchen Sie wirklich?

Soll es ein Haus für eine Person werden? Ein Paar? Eine Familie? Denken Sie darüber nach, wie viele Schlafzimmer Sie benötigen. Davon ausgehend, wie viele Badezimmer brauchen Sie. Die nächste Frage ist die Wohnfläche. Sie haben es mit einem schmalen Container zu tun, daher müssen Sie es clever anstellen, um ihn offen zu gestalten und eine Überfüllung zu vermeiden. Vergessen Sie nicht den Stauraum. Wir alle besitzen Dinge, die wir irgendwo unterbringen müssen. Ihr Stauraum ist wichtiger, als

Ihnen vielleicht klar ist. Überprüfen Sie, wie viel Platz er in Ihrem Haus einnimmt.

Wo werden Sie Ihr Haus bauen?

Denken Sie zunächst über das Land, in dem Sie leben nach. Wo immer das auch ist, es gibt höchstwahrscheinlich Bauvorschriften. Nachdem Sie diese bei der Planung berücksichtigt haben, ist es Zeit, das Grundstück selbst zu betrachten.

Überprüfen Sie den Boden und seine Tragfähigkeit. Dafür werden Sie wahrscheinlich einen Geotechniker benötigen. Das Ergebnis sagt Ihnen, wie tief Sie für Ihr Fundament graben und wieder auffüllen müssen und ermöglicht Ihnen eine solide Strategie, um das Fundament und die Versorgungsleitungen zu planen. Die Lage des Grundstücks bestimmt eine Reihe weiterer Baufaktoren. Diese Frage beeinflusst eine Reihe weiterer Überlegungen, einschließlich der Bauvorschriften für Ihr Grundstück, Bodentyp und Fundament sowie die Planung der Versorgungsleitungen.

Was wollen Sie ausgeben?

In den meisten Fällen bestimmt das Budget die Größe des Gebäudes. Wenn Sie zu den Menschen gehören, die sich über das Budget keine Sorgen machen müssen, umso besser. Die meisten von uns sind jedoch schwer arbeitende Menschen und müssen sich um das Kosten-Nutzen-Verhältnis kümmern. Wenn Sie ihr Budget planen, überlegen Sie ob Sie einen neuen, gebrauchten oder einmal gebrauchten Container möchten. Und wie viele Container? Denken Sie über die Umbau- und Transportkosten nach, den Zeitplan für die Bauarbeiter (ob und wann Sie sie brauchen) und den Preis für das Grundstück. Auch dieser muss berücksichtigt werden. Vergewissern Sie sich, dass Sie die Kosten für das Dach berücksichtigen und die Fähigkeiten und Materialen für den Innenausbau. Für die meisten Bauten benötigen Sie ein Dach, also muss es auch in der Budgetplanung auftauchen.

Gut, Sie haben sich entweder entschieden, ein vorgefertigtes Haus zu kaufen, so dass alles für Sie erledigt wird, oder Sie bauen den Bausatz selbst auf oder Sie haben die Fähigkeiten, Zeit und das Geld, alles in Eigenarbeit zu erledigen. Die vorgefertigte Lösung ist die teuerste, insbesondere wenn Sie alle Arbeiten ausführen lassen. Mit den Bausätzen ist es preisgünstiger, aber mit einem kompletten Eigenbau sparen Sie am meisten Geld. Schneiden Sie die Fenster und Türen aus, versehen Sie sie mit Rahmen, bauen Sie das Fundament und die Terrasse. Wenn Sie das tun können, dann haben Sie es geschafft. Denken Sie an die Versorgungsleitungen. Hierfür müssen Sie vielleicht jemanden anstellen aber es ist die Ausgabe wert. Stellen Sie sicher, dass Sie eine Reserve von 10 % im Budget haben. Dadurch geraten Sie nicht in Schwierigkeiten, wenn Probleme auftreten.

Wann wollen Sie einziehen?

Die Planung ist wichtig. Sie müssen die Lieferung des Containers, das eventuelle Mieten von Geräten und Absprachen mit Vertragsnehmern berücksichtigen. Sie können mit einem kürzeren Zeitplan rechnen, denn der Bau mit Containern spart etwa 90 % der Zeit und Arbeit im Vergleich mit traditioneller Bauweise. Sie können Ihr Zuhause in Nullkommanichts hochziehen, aber Sie müssen jeden Schritt vor dem nächsten abgeschlossen haben.

Ist Ihre Planung realistisch?

Wenn Sie die vorgefertigte Lösung wählen, müssen Sie sich darüber keine Gedanken machen. Sie wissen, was Sie bezahlen und wann das Haus aufgestellt werden kann. Die Firma übernimmt den Zusammenbau und die Anstellung von Handwerkern für Sie. Wenn wir die Arbeit allerdings selbst erledigen wollen, müssen wir uns um diesen Punkt kümmern. Habe ich so etwas schon einmal gemacht? Fühlen Sie sich in der Lage, das für ein Haus zu tun, das für die nächsten dreißig Jahre Ihr Zuhause sein wird? Sie müssen gewährleisten, dass sie die Fähigkeiten, die Materialien, die finanziellen Ressourcen, die Planungsgenehmigung und andere Notwendigkeiten, die für den Bau erforderlich sind, besitzen.

Genehmigung und Bauvorschriften

Bevor wir uns einigen der komplizierteren Aspekte des Baus mit Containern ansehen, werfen wir einen Blick auf die Bauvorschriften verschiedener Länder. Jedes Land hat seine ganz eigenen Bauvorschriften und -verordnungen. Sie müssen dabei beachten, wie viele Menschen bereits in einem Gebiet wohnen und wie hoch Sie bauen dürfen. Es zahlt sich aus, sich mit den Bauvorschriften und -verordnungen Ihrer Region vertraut zu machen. Werfen wir einen Blick auf die Länder, in denen Sie wahrscheinlich ein Haus bauen werden und was Sie tun müssen, um dort bauen zu dürfen.

Vereinigtes Königreich

Wenn Sie im Vereinigten Königreich bauen wollen, besteht der erste Schritt darin, eine Genehmigung von der Kommune zu beantragen. Fragen Sie bei den örtlichen Planungsbehörden nach, um zu erfahren, welche Planungs- und Bauvorschriften gelten. Es macht keinen Sinn, ihr Gebäude zu errichten, nur um später zu erfahren, dass die Kommune wesentliche Änderungen fordert.

Jeder Bau im Vereinigten Königreich benötigt eine Genehmigung der örtlichen Behörden. Die örtlichen Planungsbehörden haben ihre eigenen spezifischen Vorschriften, deshalb ist es wichtig, sie vor der Planung und dem Entwurf zu kontaktieren. Die Liste von Dokumenten gibt Ihnen einen ersten Anhaltspukt. Die örtlichen Behörden werden Ihnen mitteilen, wenn weitere Informationen benötigt werden.

Australien

Bevor Sie in Australien mit dem Bau beginnen, sehen Sie sich die Erfordernisse der Bundesstaaten an. Berücksichtigen Sie diese bei Ihren Planungen und sprechen Sie dann bei ihrer örtlichen Behörde vor. Stellen Sie sicher, dass Ihr Gebäude sowohl den bundesstaatlichen als auch den örtlichen Vorschriften genügt. Sie werden Unterlagen von diesen Behörden bekommen, die Ihnen die Bautätigkeit genehmigen. Besorgen Sie sich diese zuerst und Sie sind bei der Planung und Entwicklung auf sicherem Boden.

USA

Die schlechte Nachricht ist, dass Sie in den USA in den meisten Orten eine Baugenehmigung benötigen. Sie bekommen Sie beim örtlichen Bauamt. Dort erhalten Sie eine kurze Zusammenfassung, in welche Kategorie Ihr Haus fällt und welche Bedingungen es erfüllen muss. Berücksichtigen Sie diese bei Ihrem Entwurf und Sie können loslegen. Sie können ein Haus bauen, das sowohl Ihren Vorstellungen als auch den Bauvorschriften genügt.

Wenn Sie besonderes Glück haben, unterliegen Sie nicht den Bauvorschriften. Das bedeutet, dass Sie ohne Baugenehmigung bauen können, wie immer Sie wollen. Wenn Sie möchten, können Sie sich sogar ein Grundstück deshalb aussuchen, weil es außerhalb der Bauverordnung liegt. Denken Sie aber daran, dass abgelegene Grundstücke auch eingeschränkten Zugang zur Wasser- und Elektrizitätsversorgung sowie zum Telefonnetz haben. Das müssen Sie bei der Wahl Ihres Grundstücks mit einberechnen.

Neuseeland

Neuseeland ist das Land, das bezüglich Containerhäusern bereits alles geregelt hat. Dort gibt es seit 2004 ein Baugesetz, das jeden Aspekt des Baus von Containerhäusern regelt. Sie müssen eine Genehmigung dafür haben, außer Sie verwenden den Container nur zu Lagerzwecken. Fragen Sie auch bei der territorialen Behörde nach. Es gab schon Fälle, in denen es keiner Baugenehmigungen bedurfte, solange die Bauvorschriften eingehalten wurden. Wenn Sie erst einmal die Zustimmung für Ihr Grundstück und Ihren Entwurf haben, sollte es unproblematisch sein, auch eine Zustimmung der örtlichen Behörde zu bekommen.

Allgemeine Liste von benötigten Dokumenten

Auch wenn jede Kommune oder örtliche Behörde ihre eigenen Vorschriften und Verordnungen hat, finden Sie hier einige Dinge, die sie wahrscheinlich benötigen werden. Bedenken Sie, dass diese Vorschriften, Ihren Hausentwurf beeinflussen können, so dass es hilfreich ist, die örtliche Behörde zu kontaktieren, bevor Sie wertvolle Zeit und Energie auf den endgültigen Entwurf verwenden.

- Konstruktiver Entwurf und Abnahme
- Aufrisse
- Grundstücksplan
- Dimensionierte Werkpläne
- Maßstabsgerechte Gebäudepläne

Entwurfszeit!

Hier beginnt der Spaß. Wie wollen Sie Ihr Haus bauen? Wo sollen die Badezimmer und Schlafzimmer hin? Küche und Wohnbereiche? Es ist an der Zeit, etwas aufs Papier zu bringen. Denken Sie darüber nach, wie Sie eine effiziente Gestaltung hinbekommen, ohne Wohnraum oder Ästhetik zu opfern. Sie können es so lang oder breit machen, wie Sie wollen. Sie könnten auch mit einem Container beginnen und anbauen, wenn Sie die Zeit und die Ressourcen haben.

Der einfachste Weg ist ein eingeschossiges Haus zu bauen und so viele Container, wie Sie benötigen, nebeneinander zu stellen. Wir werden noch behandeln, wie man nebeneinanderliegende Wände entfernt und die Container verbindet, aber jeder benötigt ein Badezimmer, ein Schlafzimmer, ein Wohnzimmer, eine Küche und eine Vorratskammer. Sie können kreativ werden und sie in einen einzigen sechs Meter langen Container einpassen oder Sie können den Raum erweitern und etwas Phänomenales bauen. Es ist Ihre Wahl.

Bevor Sie losziehen und kaufen, was Sie glauben zu brauchen, sehen Sie sich erst einmal kostenlose Online-Software für den Umbau von Containerhäusern an. Eine Google-Suche wird Ihnen alles, was Sie zur vollständigen Planung Ihres Hauses benötigen, liefern. Wenn Sie die Pläne nicht selbst entwerfen wollen, müssen Sie ggf. einen Architekten hinzuziehen. Wenn das der Fall ist, planen Sie dies in Ihre Budgetplanung mit ein. Wenn Sie einen Architekten nur für die Planung eines kleinen Raumes benötigen, sollte er Sie nicht allzu viel kosten. Spielen Sie dennoch ein wenig mit der Software herum und schauen Sie, wozu Sie in der Lage sind. Vielleicht überraschen Sie sich selbst und können den Entwurf selbst erledigen und die Kosten für einen Architekten komplett sparen.

Checkliste für die Planung

- Planen Sie die Anforderungen für Ihr Haus.
- Setzen Sie Ihr Budget fest.
- Fragen Sie bei den örtlichen Behörden nach, welche Bauvorschriften gelten und welche Unterlagen Sie einreichen müssen.
- Beantragen Sie eine Planungsgenehmigung, wenn nötig
- Entwerfen Sie Ihr Haus.

Kapitel 3 – Die Container beschaffen

So, jetzt haben Sie Ihren Entwurf. Sie wissen genau, was Sie benötigen und was Sie dafür ausgeben wollen. Jetzt ist es an der Zeit, die Container zu beschaffen. Das bedeutet, dass Sie sich umsehen und die Preise vergleichen müssen.

Der erste Schritt ist, sich die Maße der Container selbst anzuschauen. Sie können sich für die 12 Meter (40 Fuß) oder die 6 Meter (20 Fuß) Variante entscheiden. Es gibt sie als Standard oder High Cube-Variante. High Cube Container sind etwa 30 Zentimeter (1 Fuß) höher als die Standardvariante, nämlich 2,90 Meter innerer Höhe. Diese 30 Zentimeter könnten entscheidend sein, wenn Sie an den benötigten Stauraum, Decken oder Kopfhöhe für große Menschen denken.

Die folgende Tabelle bietet eine Übersicht über die Maße verschiedener Frachtcontainer.

Außenmaße

	Länge	Breite	Höhe
Standard 20 Foot	19'10 1/2" (6.06m)	8' (2.44m)	8'6" (2.59m)
Standard 40 Foot	40' (12.19m)	8' (2.44m)	8'6" (2.59m)
High Cube Container 20 Foot	19'10 1/2" (6.06m)	8' (2.44m)	9'6" (2.90m)
High Cube Container 40 Foot	40' (12.19m)	8' (2.44m)	9'6" (2.90m)

Innenmaße

	Länge	Breite	Höhe
Standard 20 Foot	19' 4 (5.89m)	7' 8 (2.34m)	7'10 (2.39m)
Standard 40 Foot	39' 5 (12.01m)	7' 8 (2.34m)	7'10 (2.39m)
High Cube Container 20 Foot	19' 4 (5.89m)	7' 8 (2.34m)	8'10 (2.69m)
High Cube Container 40 Foot	39' 5 (12.01m)	7' 8 (2.34m)	8'10 (2.69m)

Denken Sie darüber nach, wo Sie ihn hinstellen wollen, die Verfügbarkeit am Ort und die Pläne, die Sie entworfen haben. Es ist am besten, den Container am Ort oder zumindest in der Nähe zu beschaffen, wenn Sie unnötige Transportkosten vermeiden wollen. Außerdem weichen die Maße bei jedem Hersteller minimal voneinander ab. Wenn Sie also eine nahtlose und ökonomische Lösung möchten, dann kaufen Sie alle Container vom selben Hersteller.

Neu oder gebraucht?

Bei der Beschaffung Ihres Containers ist eine der ersten Fragen, ob Sie einen brandneuen oder einen gebrauchten Container wollen. Wenn Sie einen neuen kaufen, können Sie fordern, dass der Boden aus sicherem Holz ohne Pestizide und anderen Toxinen besteht. Wenn Sie einen gebrauchten Container kaufen, sollten Sie ihn inspizieren. Auch hier haben Sie zwei Optionen. Sie können sich für einen Container entscheiden, der nur einmal im Einsatz war und vermutlich weniger Schäden aufweist oder sie kaufen einen ausgemusterten Container und kümmern sich um die Beulen und den Rost, den er aufweist.

Container mit einmaligem Gebrauch sind die beste Option, um Wert und bauliche Stabilität in Einklang zu bringen. Zudem müssen Sie sich nicht über zu viel Rost, Schimmel und dem

Eindringen von toxischen Chemikalien Sorgen machen. Sie sind in der Regel in besserem Zustand als solche, die seit einem Jahrzehnt im Einsatz sind. Wenn Sie ihn in ein Haus verwandeln bedeutet das eine längere Lebenserwartung und reduzierte Umbauzeit. Wenn Sie einen soliden Container haben, können Sie ihn schnell so umbauen, wie Sie ihn möchten.

Aber auch das Budget mag das treibende Moment sein. Wenn das der Fall ist, sind möglicherweise außer Dienst gestellte Container vorzuziehen. Sie sind allerdings häufig mit Bleifarbe gestrichen und mit Pestiziden behandelt worden, so dass sie erst beide Probleme beseitigen müssen, bevor es sicher ist, darin zu wohnen. Mit einem neuen Boden und einer dicken Schicht von Schaumdämmung im Innern, können diese Container ihre Wohn- oder Arbeitsfläche vollständig verändern.

Wenn es an der Zeit ist, den Container zu inspizieren, gibt es ein paar Dinge, auf die Sie achten sollten:

Rost

Beim Kauf eines gebrauchten Containers, müssen Sie mit einem gewissen Grad an leichtem Rost rechnen. Wenn der Rost jedoch schon so stark ist, dass die Integrität des Metalls nicht mehr vorhanden ist, suchen Sie sich einen anderen Container. Noch einmal, denken Sie daran, auch das Dach des Containers zu überprüfen.

Lecks

Das ist ein wichtiger Punkt. Sie wollen kein leckes Zuhause und Löcher, durch die Wasser eintreten kann, sind auch Öffnungen für andere Ärgernisse. Überprüfen Sie das Dach und die Wände sorgfältig. Achten Sie auch auf den Geruch im Innern, nehmen Sie Schimmel wahr? Das ist ein weiterer Hinweis auf mögliche Lecks.

Chemische Verseuchung

Auch hier ist Ihre Nase hilfreich. Schnüffeln Sie nach einem ungewöhnlichen Geruch. Container können bei Ihrem Gebrauch Pestiziden und anderen chemischen Schadstoffen ausgesetzt sein. Fragen Sie nach der Geschichte des Containers, bevor Sie ihn kaufen, aber überprüfen Sie ihn auch selbst, um sicher zu sein, dass Sie und Ihre Familie keinen chemischen Schadstoffen ausgesetzt sind.

Funktionierende Türen und Schlösser

Überprüfen Sie, ob die Türen frei schwingen und verriegeln Sie sie, um festzustellen, ob sie sicher schließen und dass das Siegel intakt ist.

Holzboden in gutem Zustand

Es ist üblich, dass ein Container in Gebrauch kleinere Schäden aufweist. Überprüfen Sie aber den Holzboden, um sicher zu gehen, dass es keine Brüche oder Löcher gibt. Oft ist der Originalboden mit einer undurchlässigen Schicht bedeckt, so dass Sie beim Umbau einen zusätzlichen, zeitraubenden Schritt beim Umbau haben, wenn Sie unwissentlich einen Container mit defektem Boden kaufen.

Intakter Idenfikationscode

Der Identifikationscode von Containern besteht aus seinem elfstelligen alphanumerischen Code, der auf dem Container steht. Die Geschichte des Containers kann mit Hilfe dieses Codes nachverfolgt werden. Das bedeutet, dass Sie anhand des Codes nachverfolgen können, wo der Container gewesen ist und was darin transportiert wurde. Hier ist ein Beispiel für einen Identifikationscode:

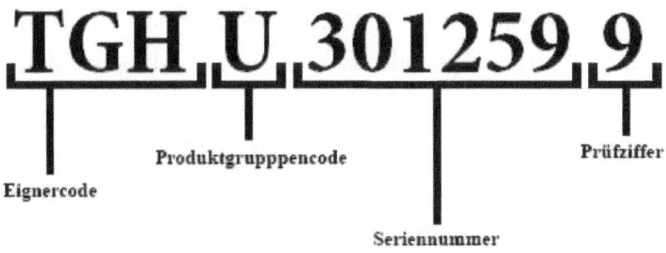

Die ersten drei Stellen geben den Eignercode an. Dadurch wird der Besitzer des Containers identifiziert. Die vierte Stelle, der Produktgrupppencode, besteht aus einem einzelnen Buchstaben. Die einzigen Optionen für diesen Buchstaben sind J, U oder Z. J steht für Ausrüstungen, die am Container angebracht werden können, Z für Anhänger und Fahrgestelle und U steht für alle Container. Der Rest des Codes besteht aus einer sechsstelligen Seriennummer, die den Container genau bezeichnet, und einer einstelligen Prüfziffer, anhand derer sich die Authentizität der Nummer feststellen lässt. Sie können den Code nutzen, um Informationen über die Geschichte des Containers zu verifizieren.

Wo kann ich einen bekommen?

Die gute Nachricht ist, dass Sie Container praktisch überall bekommen können. In der ganzen Welt finden Sie Container, die ausgemustert wurden. Wichtig ist, jemanden mit einem guten Ruf zu finden. Suchen Sie mit einer einfachen Google-Suche in Ihrer Region und Sie finden die besten Angebote in der Umgebung. Suchen Sie einfach nach „Container kaufen in ..." und Sie finden alles, was Sie brauchen. Alternativ können Sie nach „Containerhändler in ..." suchen. Wenn der Verkäufer einen guten Ruf hat und die Container gut aussehen, sind Sie bereit.

Sie wissen, wie das Internet ist. Sobald es einen Bedarf gibt, gibt es auch eine Website. Für alle, die einen Container benötigen, gibt es eine Website namens Green Cube Network. Es ist eine Suchmaschine wie SkyScanner, die nach den besten Containern sucht und den Preis, die Entfernung und alles Sonstige, was Sie bedenken müssen, berücksichtig. Green Cube Network präsentiert Ihnen eine Liste mit Händlern, die jede Art Container haben, die Sie benötigen.

Hier ist der Link für Green Cube Network:

http://www.greencubenetwork.org/shipping-container-dealers_3/

Wenn Sie gern noch eine Alternative hätten oder Sie Probleme mit Green Cube haben, versuchen Sie eBay, Gumtree oder AliBaba.

Welche Größe kostet was?

Die Preise können zwischen den einzelnen Händlern deutlich schwanken. Dazu kommt noch der Zustand des Containers. Für 2016 sind hier einige recht präzise Schätzungen, was Sie ein Container kosten wird.

Maße	neu			gebraucht		
	U.S. (USD)	Australien (AUD)	U.K. (GBP)	U.S.	Australien	U.K.
20 ft. Standard	$3500	$4000	£2150	$2300	$2900	£1500
20 ft. High Cube	$3500	$4250	£2300	$2400	$3000	£1600
40 ft. Standard	$5900	$7400	£3800	$3000	$3800	£2000
40 ft. High Cube	$6000	$7700	£3900	$3100	$4000	£2100

Profi-Tipp: Suchen Sie nach einem Händler in der Nähe, um die Transportkosten so niedrig wie möglich zu halten und weil Sie die Container sehen wollen, bevor sie geliefert werden. Gehen Sie persönlich zum Händler und Sie bekommen mit größerer Wahrscheinlichkeit das, was Sie wollen. Außerdem fördern Sie die Wirtschaft in Ihrer Nähe, wenn Sie vor Ort kaufen und nicht irgendwo weit entfernt. Denken Sie daran, dass die Lieferung so nah wie möglich an das Fundament kommen sollte.

Sie sollten das Grundstück vorbereitet haben, bevor der Container ankommt. Wenn Sie das Fundament schon fertiggestellt haben, sind die nächsten Schritte ein Klacks.

Checkliste für den Containerkauf

- Legen Sie Ihr Budget für die Container fest.

- Machen Sie die notwendigen Anpassungen Ihres Entwurfs, wobei Sie den Preis der verfügbaren Container berücksichtigen.

- Treffen Sie eine Entscheidung, ob Sie einen neuen, gebrauchten oder einmal gebrauchten Container wollen.

- Beschaffen Sie sich die Container von einem verlässlichen Händler am Ort.

- Wenn möglich, inspizieren Sie den Container vor dem Kauf.

Kapitel 4 – Vorbereitung des Grundstücks

Bei der Vorbereitung Ihres Baugrunds ist der erste Schritt, die Zusammensetzung des Bodens und dessen Tragfähigkeit zu überprüfen. Sie sollten sicher wissen, dass der Boden Ihres Baugrunds das Gewicht Ihres Containerhauses tragen kann, ohne nachzugeben oder einzustürzen. Wenn Sie etwas über Bautechniken wissen, denken Sie darüber nach, ob Sie ein Fundament mit Pfählen, Pfeilern, ein Streifenfundament oder eine Flachgründung wollen. Wenn Sie einen Kriechraum oder Platz für einen Keller wollen, müssen Sie ihn jetzt einplanen. Die Bodenzusammensetzung bestimmt, was Sie tun müssen, um diese Bauwerke regelkonform zu errichten.

In den folgenden Abschnitten untersuchen wir die Hauptoptionen, die Sie für die Fundamenttypen haben. Wir erläutern, wie Sie das Fundament wählen, das am besten für den Boden auf Ihrem Grundstück geeignet ist. Wir werfen auch einen Blick darauf, wie Sie die Stärken ihres Grundstücks nutzen. Einige Leute neigen dazu, ihre Bauteile zu groß zu dimensionieren, damit sie jede Bauvorschrift erfüllen, bevor sie überhaupt zum Problem wird. Sie können das tun, egal ob sie es mit einer Flachgründung, einer Streifengründung, Betonpfeilern oder Pfählen zu tun haben.

Schauen wir uns jetzt einige Bodenarten an, die die Wahl Ihres Fundamentes beeinflussen.

Aber Boden ist doch gleich Boden, oder? Nun, nicht wirklich. Ihr Boden kann sandig sein oder aus Lehm bestehen. Er kann voller Steine sein oder aus festem Fels. Der Punkt ist, dass diese Böden das Gewicht auf unterschiedliche Art und Weise tragen. Also wollen Sie natürlich wissen, was ihr Boden leisten kann, bevor Sie alle Pläne ausarbeiten.

Hier sind die Bodentypen, die sie aller Wahrscheinlichkeit nach auf Ihrem Baugrundstück antreffen werden und einige Baudetails, die mit ihnen einhergehen:

Kies

Kies ist ein grobkörniges Material, das ausgezeichnete Entwässerung bietet. Es ist recht leicht, Kies bis auf die gewünschte Tiefe auszuschachten und ihn für das Fundament zu glätten. Wenn Sie auf einen Boden aus Kies treffen, ist ein Streifenfundament die beste Wahl.

Fels

Fels kann eine Herausforderung sein, aber im Grunde ist es ein Segen, wenn Ihr Gebäude auf Fels steht. Tragen Sie den oberflächlichen Boden ab, glätten Sie den Baugrund und Sie können loslegen. Fels verfügt über eine hohe Tragfähigkeit und kann ohne Probleme ein Fundament tragen. Wenn die Geotechniker zu einer Verstärkung raten, sind Betonpfeiler die beste Option. Sie müssen erst durch den Fels bis auf die empfohlene Tiefe bohren. Dann legen Sie einen Rahmen und gießen den Beton.

Sandboden

Sandboden besteht vornehmlich aus feinkörnigen Partikeln, oft mit Kies und Felsstücken vermischt. Er besitzt eine hohe Tragfähigkeit, wenn sich das Gewicht über eine größere Fläche verteilt. Deswegen ist eine Flachgründung die beste Lösung. Man sollte beachten, dass man das Fundament nicht zu weit ausschachten sollte, da das Gewicht dann auf weicheren Boden treffen könnte.

Lehm

Lehmboden ist kein günstiger Boden. Er ist extrem feinkörnig und neigt dazu, Wasser zu halten. Die Berichte der Geotechniker werden Ihnen sagen, bis in welche Tiefe sich der Lehm erstreckt. Sie müssen durch den Lehm hindurch graben und mit passenderem Boden auffüllen. Die beste Wahl für ein Fundament sind Betonpfeiler oder ein tiefgegründetes Streifenfundament.

Wie erkenne ich meinen Bodentyp?

Die Antwort ist ziemlich einfach, aber für den Heimwerker nicht unbedingt spaßig. Ein Geotechniker wird Ihnen sagen, was Sie unter Ihrem Fundament haben. Wenn Sie wissen, dass ihr Baugrund wacklig ist, sagt Ihnen der Geotechniker, wie tief Sie für ihre Fundamentpfähle graben müssen.

Geotechniker bohren Löcher im Abstand von 30 bis 40 Metern. Diese Testbohrungen beschreiben das Bodenprofil bis auf wenigstens 6 Meter Tiefe des lasttragenden Bodens. Das gibt Ihnen eine klare Vorstellung von der Tragfähigkeit und der Entwässerungskapazität des Bodens. Sie erhalten einen detaillierten Bericht über die Dichte, den Wassergehalt, Partikelgröße und Bodenklassifikation. Nach der Überprüfung des Geotechnikers haben Sie eine klare Vorstellung von dem Boden unter Ihrem zukünftigen Heim und was er tragen kann.

Sie erhalten gleichzeitig eine Bewertung der Höhe und der Oberflächeneigenschaften. Daran erkennen Sie, wie Sie den Boden am besten einebnen, wenn das überhaupt notwendig ist, und wie Sie Probleme mit dem Baugrund und dem Boden umgehen. Hier sind einige Punkte, die Sie in einem typischen geotechnischen Bericht finden:

- Bodentyp an der Oberfläche
- Bodentyp unter der Oberfläche
- Tragfähigkeit des Bodens
- Optimale Bodenverdichtung
- Empfohlener Fundamenttyp
- Empfohlenen Fundamenttiefe
- Erfordernisse der Entwässerung
- Höhe des Grundwasserspiegels
- Frosttiefe

Tipp: Manchmal besitzen die örtlichen Behörden Informationen über das Bodenprofil Ihrer Gegend, insbesondere wenn Sie innerhalb der Stadtgrenzen bauen. Wenn Sie planen, etwas weiter außerhalb zu bauen, können Sie sicher davon ausgehen, dass ein Bodenprofil notwendig ist und in ihrem Budget berücksichtigt werden sollte.

Grundlagen des Betons

Die Konstruktion von Containern benötigt keinen Beton, aber Sie werden ihn wahrscheinlich für das Fundament und ein paar andere Kleinigkeiten verwenden. Wenn Sie größere Mengen Beton gießen müssen, ist es oft besser mit vorgemischtem Beton zu arbeiten, der auf LKWs angeliefert wird. Für kleinere Arbeiten ist es hilfreich zu wissen, wie man eine kleine Menge vor Ort anmischt und selbst gießt. Hier ist eine kurze Übersicht über die wichtigsten Dinge, die man für die Arbeit mit Beton wissen muss.

Stärke des Betons für Ihr Fundament

Beton besteht aus drei Bestandteilen: Zement, Wasser und Aggregat. Aggregat kann grob oder fein sein. Feines Aggregat ist Sand, grobes Aggregat ist Kies und kleines Gestein. Zement ist der Hauptbestandteil, der das Wunder bewirkt. Wenn man Zement mit Wasser vermischt, kommt es zu einer chemischen Reaktion. Der Zement bindet ab, er wird beim Trocknen hart und schließt das Aggregat in seiner Struktur ein.

Beton ist in verschiedenen Stärken erhältlich, abhängig von der Art des Zements und dem Anteil an feinem oder grobem Aggregat. Wenn Sie entscheiden müssen, welche Stärke Sie benötigen, werfen Sie einen Blick auf den Bericht des Geotechnikers. Er sollte Ihnen sagen, wie tief Sie ausschachten müssen und welchen C-Wert Sie benötigen. Je höher der C-Wert, desto stärker der Beton. Allzweckbeton hat einen C-Wert von 15. Um ihn selbst zu mischen, nehmen Sie einen Teil Portland Zement, zwei Teile Sand und fünf Teile Kies. Für stärkeren Beton erhöht man den Anteil an Zement. Eine der stärkeren Mischungen ist C30. Diese wird hergestellt mit einem Teil Portland Zement auf zwei Teile Sand und drei Teile Kies.

Für kleinere Arbeiten können Sie den Beton vor Ort anmischen. Für etwas größere Arbeiten von etwa einem Kubikmeter ist es hilfreich, einen Betonmixer vor Ort zu haben. Größere Mengen lassen Sie sich am besten fertig gemischt anliefern, wenn Ihr Budget das erlaubt. Der Guss von Fundamenten kann in ein paar Stunden beendet sein, wenn Sie einen stetigen Fluss von LKWs und eine Betonpumpe haben, denn selbst mit Betonmischern vor Ort kann das eine Arbeit werden, die den ganzen Tag in Anspruch nimmt. Wenn Sie den Beton selbst anmischen, ist es wichtig, dass Sie alle Bestandteile wirklich gut vermischen. Nur so sind Sie sicher, dass ihr Beton die gewünschte Stärke erhält.

Die Menge Beton berechnen

Natürlich ist es wichtig zu wissen, wie viel Beton Sie benötigen. Hier ist ein wenig Mathematik erforderlich. Nachdem Sie das Fundament geplant haben, multiplizieren Sie dessen Höhe, Breite und Tiefe miteinander, um das Gesamtvolumen zu erhalten. Flachgründungen sind recht einfach. Für eine Betonplatte mit einer Länge von 6,7 Metern, einer Breite von 3 Metern und einer Tiefe von 60 Zentimetern multiplizieren Sie alles und kommen auf 12,06 Kubikmeter. Es ist besser etwas mehr Beton anzurühren, als zu wenig zu haben, also geben Sie lieber etwas zu, so dass Sie 13 Kubikmeter haben.

Für Betonpfeiler berechnen Sie das Volumen jedes Pfeilers und addieren die Ergebnisse. Wenn Sie z.B. sechs Pfeiler mit jeweils 90 Zentimeter Länge und Breite und 60 Zentimeter Tiefe haben, rechnen Sie wie folgt: *0,9 m x 0,9 m x 0,6 m*. Das ergibt 0,49 Kubikmeter pro Pfeiler, also 2,94 Kubikmeter für alle sechs Pfeiler. Runden Sie auf und bestellen Sie 3,5 Kubikmeter und alles sollte passen.

Streifenfundamente benötigen mehr Beton als Pfeiler, aber weniger als eine Flachgründung. Das Fundament erstreckt sich über alle Kanten Ihres Containers, so dass Sie für einen einzigen Container zwei Streifen von 6,7 Metern und zwei von 3 Metern benötigen. Die typische Breite und Tiefe sind jeweils 0,6 Meter. 0,6 Meter jeder Ecke entfallen auf die Länge und Breite jedes Streifens. Zwei Streifen von 6,7 m x 0,6 m und zwei von 3m x 0,6 m ergeben also 8,04 Kubikmeter für die langen Streifen und 3,6 Kubikmeter für die kurzen Streifen. Das ergibt 11,64 Kubikmeter. Mit 12,2 Kubikmetern sollten Sie ausreichend versorgt sein.

Beton beginnt abzubinden, sobald er mit Wasser vermischt wird. Das heißt, Sie müssen ihn an den vorbestimmten Ort bringen, solange er nass ist. Wenn Sie ihn während des Gusses trocknen lassen, haben Sie kalte Verbindungen im Fundament, die die Stärke reduzieren. Es dauert in der Regel fünf bis sieben Tage, bis der

Beton zu voller Stärke aushärtet. Wenn der Beton währenddessen nicht feucht und bei richtiger Temperatur gehalten wird, erhält er möglicherweise nicht die gewünschte Stärke und Dauerhaftigkeit. Entnehmen Sie die erforderliche Temperaturspanne für Ihre Mischung den Informationen des Herstellers.

Beton bei heißem Wetter gießen

Wenn Sie Ihren Beton mitten im Sommer gießen oder Sie an einem Ort leben, der immer heiß ist, gibt es ein paar besondere Maßnahmen, die Sie ergreifen sollten, um sicherzustellen, dass Ihr Beton die gewünschte Stärke erreicht. Die ersten Schritte beziehen sich auf die Vorbereitung des Grundstücks. Wenn Ihr Fundament in der direkten Sonne liegt, kann man einen zeitweiligen Sonnenschutz aufstellen. Besprühen Sie die Fläche direkt vor dem Guss mit kalten Wasser. Sprühen Sie genug, um die Fläche abzukühlen, aber verwandeln Sie sie nicht in Schlamm. Auch beim Anmischen des Betons sollten Sie kaltes Wasser verwenden. Eine andere Möglichkeit, die Elemente zu überlisten, ist, am frühen Morgen oder späten Abend zu gießen. Wenn Sie in einem heißen Klima leben, ist es auch möglich, eine besondere Mischung für solche Klimata zu bestellen.

Beton bei kaltem Wetter gießen

Beton lässt sich auch bei gemäßigt kühlem Klima ohne Problem gießen. Mitten im Winter oder wenn die Temperaturen an drei aufeinanderfolgenden Tagen unter 0° C fallen, müssen Sie besondere Maßnahmen ergreifen. Das beginnt wieder bei der Vorbereitung des Grundstücks. Befreien Sie die zu gießende Fläche von Eis, stehendem Waser und Schnee. Gießen Sie den Beton wie üblich und bedecken Sie die Fläche dann mit Isolierdecken. Lassen Sie - abhängig von den Wetterbedingungen - die Decken die nächsten drei bis sieben Tage dort liegen. Wenn Sie sie entfernen, tun Sie das nach und nach. Wenn sich die Temperatur zu schnell ändert, können sich Risse im Fundament bilden.

Arten von Fundamenten

Wir haben die Arten von Fundamenten schon am Rande erwähnt, die Sie für Ihr Containerhaus nutzen können. Zur Erinnerung: Betonpfeiler, Pfähle, Streifenfundamente und Flachgründungen. Wie erwähnt, eignet sich jedes Fundament für besondere Gegebenheiten. Hier sind ein paar Hinweise, die Ihnen die Entscheidung erleichtern sollen, welches für Sie das richtige ist. Denken Sie daran, dass es notwendig ist, dass der Entwurf Ihres Fundaments von einem Bauingenieur überprüft wird, um sicher zu sein, dass aller Erfordernisse erfüllt sind.

Betonpfeiler und Pfähle

Der einfachste Weg für ein Fundament mit Betonpfeilern für ihr Containerhaus ist, stahlverstärkte Betonpfeiler an alle vier Ecken des Containers zu setzen und zusätzlich zwei an den Außenkanten in der Mitte. Wenn Sie nur einen einzigen Container verwenden, benötigen Sie nur sechs Pfeiler. Dafür benötigen Sie die geringste Menge an Beton aller Fundamente. Die Ausschachtungsarbeiten sind darüber hinaus minimal. Sie müssen nur die Löcher für die Pfeiler ausschachten, d.h. sie können dieses flache Fundament, innerhalb weniger Tage errichten. Das ist perfekt an Orten, an denen der Boden aus einer guten Mischung von Sand und Kies besteht. Das ist das bevorzugte Fundament für Leute, die alles im Eigenbau erledigen, wenn es der Boden erlaubt. Ein Vorteil dieses Fundaments ist, dass der Boden des Containers nicht auf dem Boden steht. Das erleichtert den Zugang zu Versorgungsleitungen, ermöglicht eine Belüftung, reduziert die Notwendigkeit für Isolierung und verhindert Kondensation am Boden des Containers.

Wie man ein Fundament mit Betonpfeilern anlegt

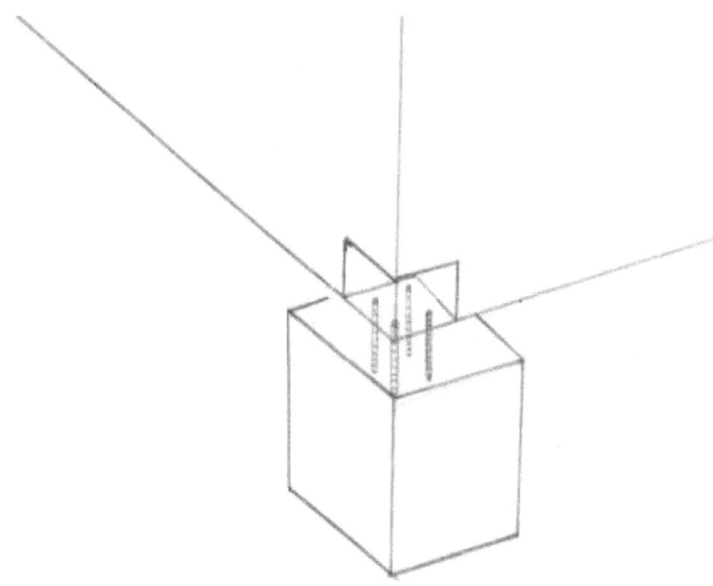

Die Vorbereitung und der Guss eines Pfeilerfundaments ist ein ziemlich einfacher Prozess. Im Grunde müssen Sie nur die Eckpfeiler und die Pfeiler in der Mitte ausmessen und sie auf die entsprechende Weite und Tiefe ausschachten. Setzen Sie Schalungen in die Löcher und stellen Sie Armierungsstäbe zur Verstärkung hinein. Gießen Sie den Beton und achten Sie darauf, dass Sie oben Schrauben herausschauen lassen oder dass eine Stahlplatte auf der Oberseite befestigt ist. Das erlaubt Ihnen, den Container an den Pfeilern zu befestigen, nachdem er aufgesetzt wurde. Lassen Sie den Beton trocknen. So haben Sie das Fundament für Ihren Container in wenigen Wochen fertig.

Schauen Sie sich genauer an, wie diese Schritte bei einem 12 Meter-Container aussehen.

Denken Sie daran: Zweimal messen, einmal schneiden. Dies ist eine der Lektionen, die man lernt, wenn man auf dem Bau arbeitet, aber es schadet nicht, sich daran zu erinnern. Das Letzte, was Sie brauchen, sind sechs wunderschön gegossene Pfeiler, auf die Ihr Container nicht passt. Der erste Schritt ist, die Ecken Ihres Containers festzulegen.

Die erste ist einfach. Schauen Sie sich das Grundstück an und entscheiden Sie grob, wie der Container ausgerichtet werden soll. Wenn Sie einen geeigneten Platz haben, stecken Sie einen Stab in den Boden. Jetzt haben Sie die erste Ecke markiert. Dann messen Sie 12,2 Meter (40 ft) Schnur ab. Binden Sie sie an den Stab und messen Sie einen Ort im Abstand von 12,2 Metern vom ersten Stab für die zweite Ecke aus. Stecken Sie auch hier einen Stab in den Boden. Jetzt haben Sie die zweite Ecke und die Länge des Containers markiert.

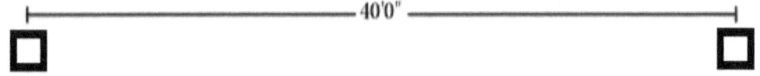

Der nächste Teil ist ziemlich cool. Am einfachsten messen Sie die nächste Ecke mit zwei Schnüren aus. Messen Sie von einer Schnur 12,43 Meter ab. Das ist die Länge der Diagonalen. Binden Sie sie an einen von den Stäben und binden Sie ein 2,44 m langes Stück an den anderen Stab. Ziehen Sie beide Schnüre stramm und wo sie sich treffen, sitzt ihre dritte Ecke. Rammen Sie Ihren dritten Stab in den Boden.

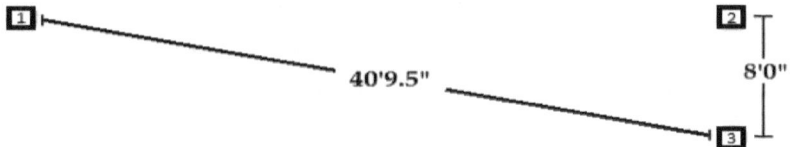

Sie können diese Methode wiederholen, um die vierte Ecke zu finden oder eine 12,19 m lange Schnur und eine 2,44 m lange Schnur verwenden, um die vierte Ecke zu finden. Je nachdem, ob Sie die Länge oder die Diagonale messen wollen.

Der nächste Schritt ist, die Positionen für die beiden mittleren Pfeiler zu finden. Ziehen Sie eine Schnur zwischen den beiden Ecken der Längsseite des Fundaments. Messen Sie von einer Ecke 6,10 m ab und stecken Sie hier den fünften Stab ein. Wiederholen Sie dies auf der anderen Seite für den sechsten Stab.

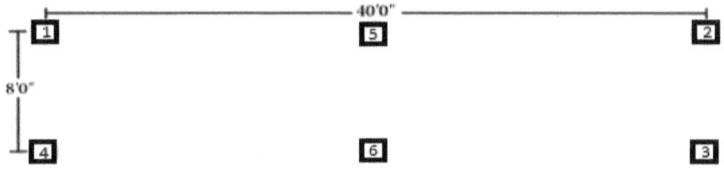

Wenn Sie zwei 12 Meter-Container nebeneinandersetzen, benötigen Sie nur drei weitere Pfeiler. Folgen Sie dem gleichen Vorgehen, um die Positionen zu markieren. So sieht ein Diagramm für zwei 12 Meter-Container aus.

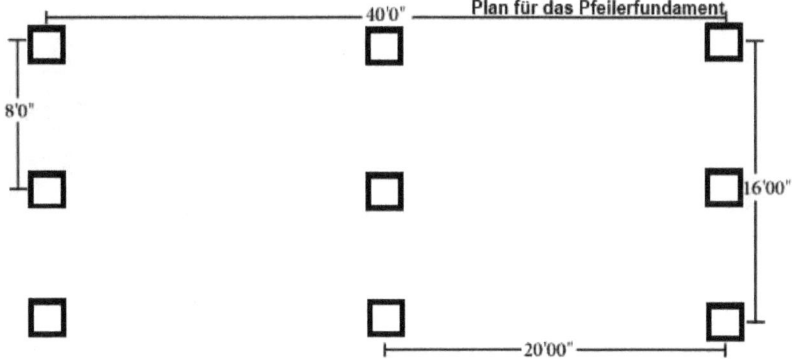

Nachdem Sie alle Pfeiler markiert haben, ist es an der Zeit zu graben. Solange der Boden gut ist, können Sie mit Kuben mit jeweils einem halben Meter Länge, Breite und Höhe arbeiten. Heben Sie die Löcher aus, aber passen Sie auf, dass die Stäbe im Zentrum des Lochs sind. Säubern Sie das Loch und ebnen Sie den Boden ein und kann können Sie die Schalung einsetzen.

Für die Schalungen haben Sie verschiedene Optionen. Im Notfall genügt 1,5 mm dicke Plastikfolie. Sie können aber auch vorgefertigte Betonschalungen verwenden. Wenn Sie nach einem vernünftigen Hersteller mit gutem Preis-Leistungs-Verhältnis suchen, schauen Sie sich Sonotubes© an. Die letzte Option sind hölzerne Schalungen, mit denen Sie das Loch auskleiden. Bei der letzten Option müssen Sie daran denken, dass Sie das Loch etwas größer machen, um Platz für die Schalung zu haben.

Jetzt sollten Sie Armierungseisen in die Schalung setzen und zusammenbinden. Dies wird die Biegefestigkeit des Betons erheblich erhöhen. Treiben Sie zunächst drei Armierungsstäbe senkrecht in das Loch. Diese dienen dazu, den Stahl zu stabilisieren, wenn Sie ihr Gitter bauen. Legen Sie je drei Armierungsstäbe in Gitterform entlang der Länge und Breite des Loches. Verbinden Sie sie mit Stahldraht. Wiederholen Sie dieses Muster alle 15 Zentimeter und verbinden Sie die Stäbe mit den vertikalen aufgerichteten Stäben.

Wenn Sie Schrauben aus dem Ende Ihres Containers schauen lassen wollen, dann sollten sie ebenfalls mit dem Stahlgitter verbunden werden, bevor Sie den Beton gießen. Wenn Sie damit fertig sind oder wenn Sie es vorziehen, eine Stahlplatte am oberen Ende der Pfeiler anzubringen, um den Container zu verankern, ist es Zeit, die Löcher mit Beton zu füllen. Der Beton sollte in Lagen eingefüllt werden und eingerüttelt werden, so dass er die Schalung vollständig ausfüllt und sich keine größeren Hohlräume bilden. Nach dem Gießen, glätten Sie die Oberfläche, setzen die Stahlplatte ein, wenn Sie sich für diese Variante entschieden haben, und lassen Sie den Beton abbinden. Kalkulieren Sie sieben Tage für das Trocknen der Pfeiler ein, bevor Sie Ihren Container daraufsetzen.

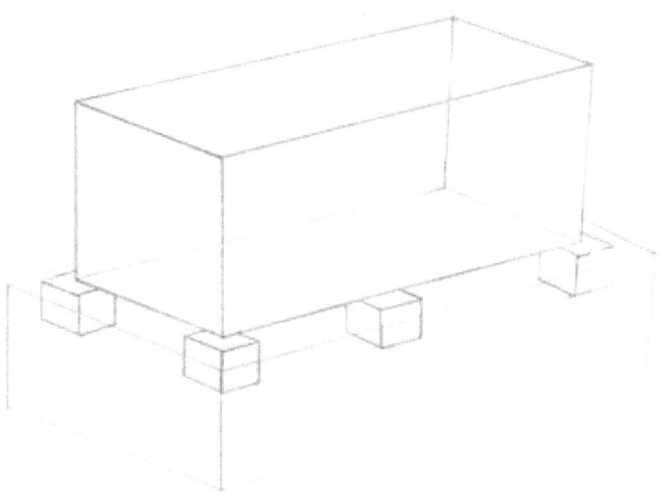

Was Sie bei einem Fundament aus Stützpfeilern im Auge haben sollte, ist, dass einer oder mehrere Ihrer Pfeiler ein bisschen mehr Ausschachtung benötigen können. Das Bodenprofil zeigt Ihnen, ob Sie irgendwo weicheren Boden haben, wo Sie etwas tiefer ausschachten müssen. Sie sollten sich vergewissern, dass Ihr Fundament das Gewicht Ihres Containers tragen kann, ohne einzusinken, zu reißen oder sich uneben zu setzen. Stellen Sie also sicher, dass Sie die richtige Tiefe haben, bevor Sie die Pfeiler gießen und den Container aufstellen. Ansonsten könnten Ihnen einige teure und zeitaufwendige Reparaturarbeiten drohen.

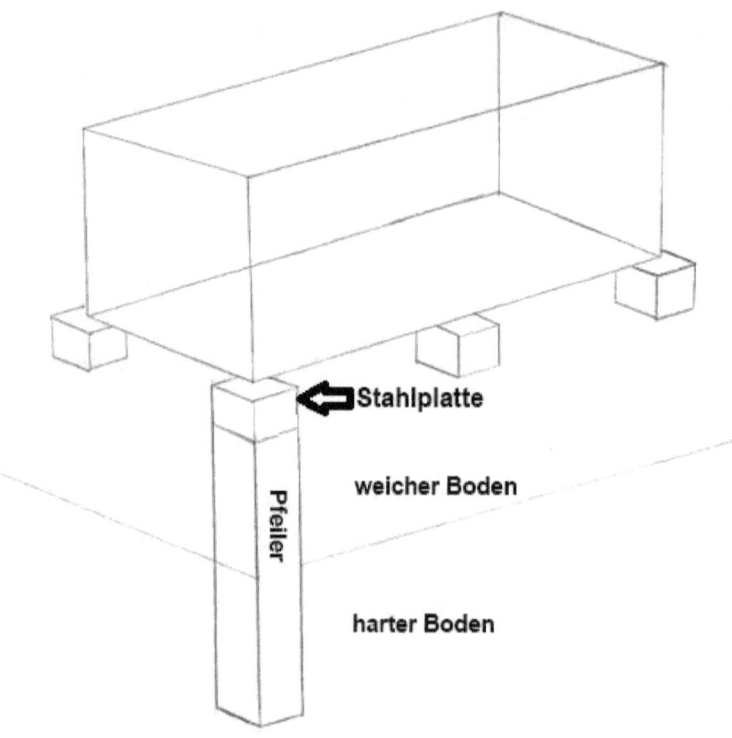

Ein schöner Effekt bei Pfeilerfundamenten ist, dass der Boden des Containers nicht auf dem Boden aufliegt. Der Nutzen für die Isolierung wurde oben schon angesprochen, aber der wahre Segen liegt bei den Versorgungsleitungen. Wenn Sie eine Fundamentplatte oder ein Streifenfundament gießen, müssen die Wasser und Abwasserleitungen in den Beton eingebettet werden. Sie müssen vor dem Gießen gelegt werden. Wenn Sie jedoch Pfeiler als Fundament verwenden, können Sie sie auch später verlegen.

Sie sollten auch daran denken, dass der Kriechraum unter dem Container zwar gut für die Belüftung ist, dass er aber auch Schädlingen ein Heim bietet. Um das zu verhindern können Sie den Umfang mit Gestein und Kies aufschütten. Um eine angemessene Belüftung aufrecht zu erhalten, können Sie Belüftungsschlitze einbauen und sie mit Gittern versehen. Der Kies ermöglicht die Drainage, die Sie benötigen und die offenen Schlitze ermöglichen ausreichenden Durchzug. Wenn Sie irgendwann einmal an die Versorgungsleitungen müssen, ist es relativ einfach einen Weg frei zu räumen, so dass Sie sie erreichen können.

Betonpfeilerfundament

Betonpfähle gehorchen dem gleichen Prinzip wie Pfeiler. Der Hauptunterschied ist, dass es sich um zylindrische Stahlformen handelt, die in den Boden getrieben werden. Wenn Sie bis zu einer erheblichen Tiefe ungeeigneten Boden haben, könnte ein Fundament auf Pfählen die Lösung sein. Pfähle können durch die ungeeigneten Bodenschichten hindurch in tragende Bodenschichte getrieben werden, ohne dass man ausschachten und schalen muss und sich um die anderen zeitintensiven Dinge kümmern muss. Sie benötigen eine Pfahlramme und jemanden, der sie bedient, und die Zylinder, die die Pfähle aufnehmen. Das bedeutet, es ist eine der teureren Optionen. Um zu sehen, ob sie sich lohnt, vergleichen Sie den Aufwand hinsichtlich Zeit und Ausgaben mit dem Aufwand für das Ausschachten der benötigten Tiefe und das Anbringen einer Schalung im gesamten Loch.

Was Sie ebenfalls bedenken müssen, ist, dass der Bau von Pfählen eine schmutzige Arbeit ist und es kann sein, dass Sie mit einer Menge Wasser zu tun haben. Nachdem Sie die Zylinder eingeschlagen haben, wird die Erde durch eine wässerige Mischung, die in das Loch gepumpt wird, ausgeschlämmt, bis es zur gewünschten Tiefe freigelegt ist. IN Anbetracht von Materialien, Preis, besonderer Ausrüstung und Zeit fürs Saubermachen, ist eine Pfahlkonstruktion das letzte, was Sie selbst machen wollen. Auf der anderen Seite ist sie für Grundstücke mit schlechtem Boden bis zu einer Tiefe, die Sie nicht selbst ausschachten wollen, eine der besten vorhandenen Optionen.

Fundamentplatten

Eine Plattengründung oder Fundamentplatte ist eine verbreitete Art von Fundamenten. Da das Gewicht des Containers gleichmäßig über die gesamte Platte verteilt wird, ist sie gut für sandigen oder losen Boden geeignet. Im Grunde schwimmt die Platte auf einer Lage ungeeigneter Materialien, so dass Sie nicht tief graben müssen, um auf geeigneten Boden zu stoßen. Allerdings handelt es sich um eine zeitintensive Lösung, da Sie die gesamte Fläche mit Armierungsstahl auslegen müssen. Sie ist auch teurer, da hier viel mehr Beton benötigt wird als bei den anderen Lösungen. Sie ist jedoch eine gute und stabile Lösung für leichtere Böden und sie müssen keine teuren Maschinen mieten, um sie zu gießen.

Der Prozess ist nicht kompliziert, dauert aber seine Zeit. Fragen Sie zunächst einen Bauingenieur nach der empfohlenen Höhe der Platte und den richtigen Abständen der Armierungsstäbe. Sprechen Sie auch mit einem Geotechniker, wie tief Sie graben müssen, um die Platte einzusetzen. Ebnen Sie dann den Boden und verdichten Sie ihn. Fassen sie die ausgehobene Fläche mit Schalungen ein. Dann legen Sie auf der gesamten Fläche Armierungsstahl. Die

Hauptwasserleitung und Abwasserleitung sollte ebenfalls zur gewünschten Stelle verlegt werden, bevor Sie mit dem Gießen beginnen. Gießen Sie dann den Beton. Und Voila! Sie haben eine Schicht Beton, die die Ihren Container hält. Lassen Sie sie sieben Tage abbinden, bevor Sie den Container aufsetzen.

Plattengründungen sie die beste Option, wenn man es mit weicherem Untergrund zu tun hat, aber sie haben auch ihre Nachteile. Der Zeitaufwand für die Vorbereitung des Bodens und der Fläche des Fundaments ist schon erwähnt worden ebenso wie die Notwendigkeit, die Versorgungsleitungen vor dem Gießen des Betons zu verlegen. Das bedeutet, dass Sie nach dem Gießen keinen Zugang mehr zu den Leitungen haben. Was wir noch nicht angesprochen haben, ist die Isolierung. In jedem Containerhaus ist die Isolierung ein Schwachpunkt, der besonderer Aufmerksamkeit bedarf. Sonst werden Sie im Sommer gebraten und frieren im Wintern. Bei Plattengründungen steht der Container direkt auf dem Beton, der eine Quelle für einen bedeutenden Wärmeverlust darstellt. Um dem entgegenzuwirken, sollten Sie den Boden ihres Containers mit einer dicken Dämmschicht auskleiden, bevor Sie ihn in seine endgültige Position bringen. Davon abgesehen ist diese Fundament extrem stabil und macht das Haus weniger anfällig für Schädlingsbefall.

In den meisten Fällen werden Sie eine Fundamentdicke von 60 Zentimetern benötigen. Es ist jedoch besser, einen Bauingenieur überprüfen zu lassen, ob das die richtige Stärke für ihr Grundstück ist. Verschiedene Bodentypen und besondere Bedingungen könnten die empfohlene Stärke verändern. Das Fundament sollte sich zudem etwa 30 Zentimeter auf jeder Seite über Ihren Container hinaus erstrecken.

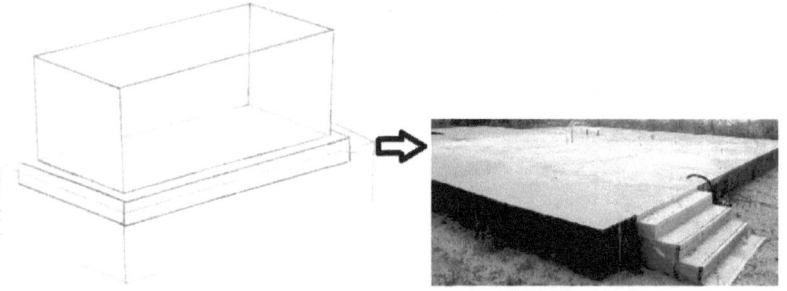

Profi-Tipp: Wie bei einem Pfeilerfundament könne auch hier Stahlplatten auf der Oberfläche des Fundaments gesetzt werden, um den Container daran anzuschweißen.

Streifenfundament

Das Streifenfundament ist ein Mittelweg zwischen einer Fundamentplatte und Pfeilern. Es bietet sehr viel mehr Stabilität, reduziert aber die Kosten, das Material und die nötigen Arbeitsstunden.

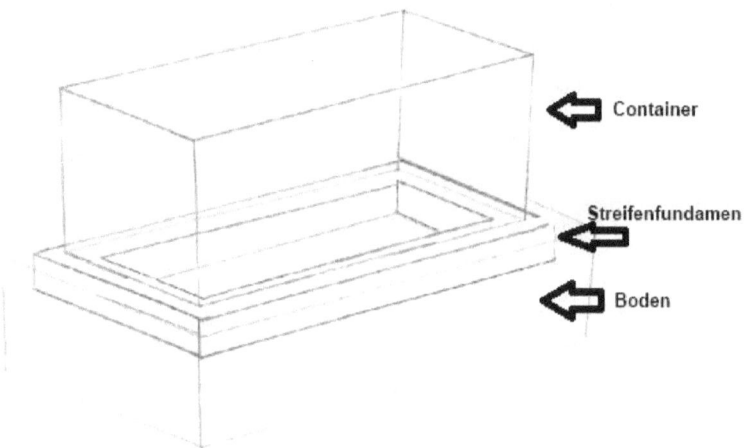

Das Streifenfundament bietet einen stabilen Halt für die Kanten Ihres Containers und verteilt das Gewicht auf eine größere Fläche als bei Pfählen oder Pfeilern.

Wenn Sie in einer Gegend mit schlechter Drainage leben, bietet ein Streifenfundament eine einfache Lösung. Alles, was Sie tun müssen, ist, den Boden Ihres Fundaments mit Kies oder losem Geröll auszukleiden. Der lose Kies erlaubt dem Wasser abzufließen, während er aber ausreichend Unterstützung für Ihren Container bietet.

Tipp: Stellen Sie bei einem Streifenfundament sicher, dass die Fläche jeweils 30 cm über die Kanten des Containers hinausragen.

Abschließende Bemerkungen zu Beton

Mit Beton lässt sich großartig arbeiten. Er ist ein vielseitiges Baumaterial, der – wenn er abgebunden hat – über eine hohe Lebensdauer und hohe Druckfestigkeit verfügt. Allerdings ist er nicht sehr biegefest. Anders gesagt: Er ist toll, wenn er Gewicht halten muss, aber nicht so toll, wenn es um Verwindung geht. Aus diesem Grund sollten immer Verstärkungen hinzugefügt werden. Armierungsstahl hat eine gute Biegefestigkeit, so dass er die Schwächen des Betons ausgleichen kann. Aus diesem Grund sollte Gewicht immer direkt auf ein Fundament gesetzt werden, um die Scherbeanspruchung zu reduzieren.

Ein weiterer Aspekt, der schon erwähnt wurde, ist die Abbindezeit. Beton entwickelt den größten Teil seiner Stabilität in den ersten 24 Stunden. Er kann aber immer noch leicht brechen, wenn er nicht wenigstens ein paar Tage abgebunden hat. Wie erwähnt sollten Sie dem Beton sieben Tage Zeit geben, bis Sie ein erhebliches Gewicht daraufstellen. Das richtige Abbinden benötigt auch die richtige Temperatur. Decken oder Beschattung helfen dabei, sie in wärmeren oder kühleren Gegenden zu erreichen.

Berechnungen sind wichtig bei der Bestimmung, wie viel Beton bestellt werden muss. Einige Beispielrechnungen sind weiter oben bereits aufgeführt worden. Hier sind die Formeln für alle Fundamenttypen:

- Pfeilerfundament: 6 (Länge x Breite x Höhe des Pfeilers)
- Streifenfundament: [2 Länge x 2(Breite des Containers) - 4 (Breite des Streifens)²] x Tiefe
- Plattengründungen: Länge x Breite x Höhe
- Pfahlfundament: (Summe der Höhen aller Pfähle) x Durchmesser des Zylinders

Denken Sie auch an die Vorbereitung der Fläche, wenn Sie den Beton in heißem oder kaltem Wetter gießen. Kühlen Sie den Boden bei heißem Wetter vor dem Gießen mit Wasser. Verwenden Sie kaltes Wasser, um den Beton anzumischen und gießen Sie, wenn möglich, am frühen Morgen oder späten Abend. Wenn Sie in heißen Gegenden leben, können Sie auch Mischungen für heißes Klima finden. Diese haben eine größere Temperaturspanne fürs Abbinden und erleichtern die Abbindung zu voller Stärke.

Beton in kaltem Wetter zu gießen erfordert, dass Sie die Fläche von stehendem Wasser, Eis oder Schnee befreien. Bedecken Sie ihn nach dem Gießen mit Decken und lassen Sie ihn sieben Tage bedeckt. Entfernen Sie die Decken nach und nach, um Risse durch zu schnelle Abkühlung zu vermeiden.

Denken Sie schließlich noch daran, dass Sie, nachdem Sie Ihren Container auf dem Fundament platziert haben, ihn am Fundament befestigen müssen. Bei allen aufgezählten Möglichkeiten können Stahlplatten in den Beton gesetzt werden, mit denen der Container später verschweißt wird. Es gibt jedoch auch andere Möglichkeiten, ihn zu verankern, machen Sie sich also keine Gedanken, wenn Sie die Stahlplatten vergessen haben.

Checkliste zur Vorbereitung des Grundstücks

- Lassen Sie ein geotechnisches Bodenprofil erstellen.
- Bestimmen Sie den geeigneten Fundamenttyp und dessen Tiefe.
- Ziehen Sie beim Entwurf des Fundaments einen Bauingenieur hinzu.
- Prüfen Sie, ob Sie das Fundament selbst gießen können oder ob Sie eine Firma benötigen. Wenn Sie eine Firma benötigen, prüfen Sie, wen Sie nehmen.
- Berechnen Sie die erforderliche Stärke für Ihr Fundament.
- Berechnen Sie die Menge an Beton, die Sie benötigen.
- Schachten Sie das Fundament aus.
- Setzen Sie die Formen für den Guss.
- Legen Sie ein Gitter aus Stahlmatten in die Formen, um den Beton zu verstärken und ihm strukturelle Stabilität zu verleihen, wenn er abgebunden hat.
- Mischen Sie Beton für die nötige Stärke an und gießen Sie ihn in die Form. Stellen Sie sicher, dass das Fundament waagerecht ist.
- Denken Sie beim Guss an die Wetterbedingungen und achten Sie darauf, dass der Beton beim Abbinden stabile Temperaturen hat.
- Lassen Sie den Beton fünf bis sieben Tage abbinden, bevor Sie Ihren Container daraufstellen.

Kapitel 5 – Containerumbau, Lieferung und Aufstellung

Wir haben den Entwurf Ihres Hauses, die Beschaffung der Container und die Vorbereitung des Baugrunds besprochen. Nachdem wir die vorbereitenden Aufgaben erledigt haben, ist es an der Zeit, uns den Container vor Ort anzusehen. Um ihn aber dorthin zu bekommen, muss man sich die Frachtkosten und Zeitpläne für die Lieferung ansehen. Denken Sie darüber nach, ob der Container für den Umbau in eine Werkstatt muss oder ob Sie den Umbau vor Ort erledigen. Idealerweise sollte Ihr Grundstück eine gute Straßenanbindung haben, so dass der LKW rückwärts an das Fundament heranfahren und den Container darauf absetzen kann. Sie sollten sich auch vor dem Lieferdatum um die Bodenisolierung des Containers kümmern, so dass Sie wissen, was Sie vor Ort benötigen.

Lassen Sie uns einen genaueren Blick auf all diese Erwägungen werfen.

Containerumbau: vorgefertigt, Umbau vor Ort, Umbau in der Werkstatt?

Im einschlägigen Jargon bedeutet „Umbau" die Verwandlung eines Containers von einer Metallhülle in das Rückgrat Ihres neuen Hauses. Sie müssen einige Türen und Fenster herausschneiden und Sie werden die Öffnungen wahrscheinlich verstärken müssen. Wenn Sie mehrere Container verwenden, müssen Sie Teile der Innenwände entfernen, um größere und offenere Räume zu schaffen. Wenn Sie das selbst im Eigenbau erledigen wollen, ist es an der Zeit, die Schweißbrenner, Schleifmaschinen, Bohrer und Schweißgeräte hervorzuholen. Wenn Sie beabsichtigen, das Innere mit Bauschaum zu dämmen, ist jetzt der richtige Zeitpunkt dafür.

Wenn Sie nicht selbst über alle Werkzeuge verfügen, ist es manchmal am besten, eine Werkstatt zu mieten und den Umbau dort vorzunehmen. Der einzige Nachteil ist, dass Sie den Container nach dem Umbau von der Werkstatt zu Ihrem Grundstück transportieren müssen. Dann gibt es noch die vorgefertigten Container. Für diese bezahlen Sie mehr, aber Sie haben ein fertiges Haus oder einen Bausatz, den Sie vor Ort bauen können.

Hier ist das Für und Wider jeder Option:

Umbau vor Ort

Wenn Sie gern selbst bauen, ist dies wahrscheinlich das Erste woran Sie denken. Sie verfügen bereits über die Fähigkeiten und Werkzeuge. Das Grundstück ist fertig. Alles, was noch zu tun ist, ist den Container zum Grundstück zu bekommen und loszulegen. Es fallen keine unnötigen Transportkosten an.

Ein Vorteil dieser Möglichkeit ist, dass Sie arbeiten können, wann immer Sie Zeit haben. Umbauten in einer Werkstatt sind häufig an begrenzte Zeiten gebunden. Wenn Sie vor Ort arbeiten, bestimmen Sie Ihre Arbeitszeit selbst. Wenn Sie die Zeit dafür am Wochenende oder abends finden müssen, ist dies ein großes Plus.

Es gibt noch einen weiteren Vorteil beim Umbau vor Ort, über den nur Wenige nachdenken. Wenn Sie einen Container umbauen, machen Sie ihn ein wenig schwächer. Die Öffnungen beeinträchtigen an manchen Stellen die Stabilität. Das spielt keine Rolle, wenn Ihr Container bereits da steht, wo er hin soll. Wenn Sie aber beabsichtigen, ihn nach dem Umbau zu Ihrem Grundstück zu transportieren, müssen Sie beim Transport vorsichtig sein. Beim Umbau vor Ort ersparen Sie sich einen stressigen Tag, ihn aufzuladen, zu sichern, zu transportieren und abzuladen, wobei Sie sich Sorgen machen müssen, ob er das aushält.

Wenn Sie also sicher sind, dass Sie Ihren Container vor Ort umbauen wollen, sollten sie ein paar Dinge sorgsam prüfen. Stellen Sie sicher, dass Sie die richtigen Werkzeuge haben oder dann bekommen können, wenn Sie sie benötigen. Wahrscheinlich werden einige Ihrer Werkzeuge elektrisch sein, so dass auf Ihrem Grundstück ein Stromanschluss zur Verfügung stehen muss. Das funktioniert, aber bereiten Sie sich auf einigen Lärm vor. Außerdem kann ein Generator eine erhebliche Ausgabe sein, wenn Sie nicht schon einen besitzen. Sie benötigen auch Wasser vor Ort, sowohl für Bauzwecke als auch um die Kosten für Wasserflaschen zu sparen, die Sie während der Arbeit benötigen.

Statt den Umbau selbst zu machen, können Sie einen Bauunternehmer beauftragen, die ganzen komplizierten Details zu regeln. Ein Vorteil ist, dass er seine eigenen Werkzeuge mitbringt. Ein Bauunternehmer verfügt über die notwendigen Fähigkeiten, um die Arbeit ordentlich zu erledigen. Und es wird schneller gehen, als Sie es selbst erledigen können. Viele Hände schaffen viel in kurzer Zeit. Der einzige Nachteil ist, dass ihre Kosten steigen. Kompetenz und Werkzeuge sind nicht preisgünstig, Sie müssen für die Leistung und die Fachkenntnisse bezahlen.

Wenn Sie ein Hardcore-Heimwerker sind, fehlt Ihnen vielleicht auch die vollständige Kontrolle über jeden Schritt des Umbaus. Wenn Sie der Typ Mensch sind, alles zu managen, ist dies einer der aufregendsten Aspekte Ihres gesamten Hausbaus. Wenn Sie jedoch die Anschaffung einer neuen Werkzeugausrüstung umgehen wollen und Sie sich nicht für den Umbau in einer Werkstatt entscheiden, ist das vielleicht die beste Option für Sie. Insbesondere, wenn Zeit ein entscheidender Faktor ist.

Umbau in einer Werkstatt

Die nächste Möglichkeit, die wir uns anschauen, besteht darin, den Container nicht vor Ort umzubauen. Wie Sie sich vorstellen können, ist diese Option nicht perfekt. Sie müssen Ihren Container nach dem Umbau transportieren und sich darum sorgen, ob er dabei beschädigt wird. Allerdings gibt es auch Vorteile.

Der erste ist, dass Sie, wenn Sie den Umbau selbst machen wollen, in einer Werkstatt die richtigen Werkzeuge zur Verfügung haben. Liefern Sie Ihren Container einfach an die Werkstatt und von da an haben Sie alles, was Sie brauchen, um die Wände, Türen, Fenster und Bögen auszuschneiden. Außerdem haben Sie Leute um sich herum, die Ihnen helfen können, wenn Sie feststecken oder einen Rat brauchen.

Es gibt einen weiteren Vorteil dieser Option, der Ihnen vielleicht nicht direkt in den Sinn kommt. Das Wetter ist nicht immer freundlich. Wenn Sie den Umbau vor Ort vornehmen, ist der Container Regen, fallenden Blättern, Schnee, Sonne, und allem, was der Tag bringt ausgesetzt. Daher wird ein Hauptaugenmerk sein, ein Dach aufzusetzen. Eine Werkstatt bietet nachts Schutz für Ihren Container, so dass Sie sich keine Sorgen machen müssen, wenn Sie nicht da sind. Und Sie haben auf jeden Fall Elektrizität zur Verfügung, so dass Sie beim Verlegen der Versorgungsleitungen auf Ihrem Grundstück ein bisschen Spielraum haben.

Trotz dieser Vorteile sollten Sie einige Dinge im Kopf behalten. Denken Sie an die Lage der Werkstatt. Ist es für Sie ein langer Weg, um dorthin zu gelangen? Ein langer Anfahrtsweg könnte die

Fertigstellung des Umbaus Ihres Containers schwieriger machen und eine echte Herausforderung darstellen.

Als nächstes wären die Öffnungszeiten zu beachten. Sie müssen sie bei Ihrer Zeitplanung einkalkulieren und das kann besonders dann schwierig sein, wenn Sie auch noch einen Beruf mit normaler Arbeitszeit haben. Bevor Sie sich also entscheiden, mit einer Werkstatt zu arbeiten, prüfen Sie Ihre Zeitplanung realistisch und schauen Sie, ob die Öffnungszeiten passen.

Sehen Sie sich auch die Kosten an. Vielleicht können Sie eine Pauschale für einen Monat oder eine Woche heraushandeln. Das spart auf lange Sicht Kosten.

Vorgefertigte Lösungen

Eine dritte Option besteht darin, den Container vor der Lieferung umbauen zu lassen. Das ist teurer als die vorherigen Möglichkeiten, aber sie werden eine ganze Menge Zeit sparen und können Ihre Container bei Lieferung direkt aufstellen. Wenn Sie Ihre Container schon vorgefertigt kaufen, können Sie sicher sein, dass sie professionell modifiziert und geliefert werden und dass sie heil und unbeschädigt bei Ihnen ankommen.

Wenn Sie außerdem nach einer preisgünstigeren Alternative zu einem traditionellen Haus suchen, könnten vorgefertigte Container genau der richtige Weg sein. Sie erhalten einen voll ausgebauten Container in Rekordzeit und viel günstiger. Der Nachteil ist, dass diese Möglichkeit die teuerste von den drei genannten ist. Das Gute dagegen ist, dass die meisten Firmen, die vorgefertigte Container anbieten, Partner für die Installationen zur Hand haben. Das versetzt Sie in die Lage, dass Sie jemanden beauftragen können, sich um das Aufstellen, die Sicherung und die Verbindung der Container zu kümmern. Wenn Sie dafür über das Budget verfügen, spart es Ihnen eine Menge Kopfschmerzen. Es kostet zwar meistens mehr als die anderen Optionen, Sie sparen gegenüber einem traditionellen Haus aber immer noch Geld.

Neu, gebraucht oder einmaliger Gebrauch?

Dies ist ein anderer Aspekt, den Sie bedenken müssen, wenn Sie Ihre Container bestellen. Wenn Sie ein 1a-Haus wollen, werden Sie es vielleicht vorziehen, mit einen neuen Container zu arbeiten. Das ist definitiv eine Möglichkeit. Dafür gibt es weltweit eine ganze Reihe von Händlern. Wenn Sie sich dafür entscheiden, sollten Sie ein paar Dinge bedenken. Entscheiden Sie sich für einen der nächstgelegenen Händler, wenn möglich. Das reduziert die Transportkosten dramatisch und das ist gut. Ansonsten kann der Transport genauso viel kosten wie Ihr Container selbst.

Eine andere Erwägung ist, dass Sie beim Kauf eines neuen Containers, die vollen Lieferkosten zahlen müssen. Wenn Sie sich jedoch für einen Container entscheiden, der einmal gebraucht wurde, hat der Händler die Transportkosten schon eingestrichen und Sie können ein paar Tausender sparen. Da er nur einmal verwendet wurde, wird sein Zustand immer noch gut sein. Die Transportkosten können sich von ein paar tausend Dollar auf über $20.000 Dollar belaufen, wenn Sie sie also sparen können, haben Sie mehr Spielraum für den Rest des Umbaus.

Die preisgünstigste Option ist, einen gebrauchten Container zu kaufen. Das ist gut, wenn Sie bereit sind, eine Menge Arbeit in den Umbau Ihres Containers zu stecken. Sie müssen definitiv den Boden ersetzen. Der Container sollte gründlich auf Rost und undichte Stellen untersucht und sorgfältig repariert werden, wenn er solche Schäden aufweist. Zudem muss das Innere mit Bauschaum ausgekleidet werden, um es sicher für Sie und Ihre Familie zu machen. Die Gesamtkosten liegen jedoch niedriger, als wenn Sie das durch einen Unternehmer machen lassen. Und es ist ein weiterer Schritt für Sie, unabhängig zu sein.

Fracht- und Transportkosten

Von dem Hinweis, den Sie oben erhalten haben, sollten Sie bereits wissen, dass Sie die Herkunft Ihres Containers sorgfältig auswählen sollten. Sie könnten einen tollen Deal mit einem Container aus China machen, nur um herauszufinden, dass es Sie doppelt so viel kostet, ihn zum nächsten Hafen zu transportieren. Wenn Ihr Ansatz Nachhaltigkeit ist, werden Sie bei Ihrer Bestellung effizient sein wollen und jemanden bei sich in der Nähe finden. Selbst wenn Sie auf der Suche nach dem besten Geschäft sind, wird ein lokaler Kauf Ihnen Tausende sparen, die Sie in die Gestaltung ihres Hauses investieren können.

Nachdem Sie den Container gekauft haben, ist der nächste Schritt, ihn zu Ihrem Grundstück zu bringen. Lassen Sie uns einen genaueren Blick auf die Kosten für einen Containertransport von einem Hafen oder dem Hersteller zu Ihrem Grundstück werfen.

Die Preise für das Jahr 2016 zeigen eine Schätzung von etwa 320 US Dollar für das Laden eines 6 Meter-Containers, den Transport über 50 Meilen und die Anlieferung. Bei 300 Meilen erhöht sich der Preis auf 400 US Dollar. Denken Sie aber daran, dass es sich um Preise handelt, die schon ein paar Jahre alt sind, so dass die Inflation mittlerweile ihren Tribut gefordert hat. Außerdem handelt es sich um Durchschnittspreise. Sie weichen bei unterschiedlichen Transportunternehmen, der Zahl der Container und den Bedingungen der Strecke voneinander ab.

Außerdem müssen Sie daran denken, dass die eng getaktete Zeitplanung jeden, der baut, ein wenig verrückt macht. Achten Sie darauf, die Lieferung Ihrer Container so zu terminieren, dass sie angeliefert werden, wenn Sie die Zeit und die Arbeitskräfte haben, sie in Ruhe entgegenzunehmen. Es mag schwierig sein, eine Zeit festzulegen, da die meisten Containerhändler in weiten Maßstab liefern. Sie sind als Einzelkunde nicht deren erste Priorität. Außerdem kann der Transport von Containern über große

Distanzen Wochen dauern, sogar Monate, wenn ein Ozean zu überqueren ist. Wenn Sie alles frühzeitig arrangieren, haben Sie die beste Chance, dass alles glatt läuft. Kalkulieren Sie dies ein, wenn Sie ihre Entwürfe und Zeitpläne machen.

Noch etwas – und wahrscheinlich müssen wir Ihnen das gar nicht sagen: sehen Sie sich um. Seien Sie ein gewitzter Verhandler. Sie sind der Kunde hier und Sie haben die Kaufkraft. Sie wollen ein paar tausend Dollar für einen Container ausgeben, also werden Sie auch einen Verkäufer finden, der sich um Ihre Bedürfnisse kümmern wird. Wenn Ihnen der Preis oder der Zustand nicht zusagt, suchen Sie einfach weiter.

Lieferung des Containers

Sehr gut. Sie haben Ihren Container ausgewählt und gekauft. Der Lieferort ist festgelegt. Der Umbau ist bei der Bauplanung berücksichtigt worden. Wie bekommt der stolze, neue Besitzer seinen Container zu seinem Grundstück? Ist es so vorbereitet, dass es ihn aufnehmen kann? Schlechte Planung ist der einzige Grund, aus dem Sie in dieser Phase in eine kritische Situation geraten könnten. Legen Sie die Details der Lieferung fest. Achten Sie darauf, dass Ihr Grundstück hundertprozentig vorbereitet ist. Halten Sie Isolierungsmaterialien bereit, wenn Sie den Boden des Containers dämmen wollen, bevor Sie ihn an seinen endgültigen Platz setzen. Wenn er auf der Baustelle ankommt, dann geht das Spiel los.

Auch hier gilt, es schadet nicht, wenn Sie sich in der Umgebung umschauen. Die Transportkosten werden sehr viel geringer sein und die Händler arbeiten oft mit einem Frachtunternehmen zusammen, das auch bei der Aufstellung des Containers hilft. Ein weiterer zentraler Punkt ist, dass alle Container vom selben Hersteller sind, wenn Sie mehrere Container kaufen. Selbst wenn Sie das tun, besteht die Möglichkeit, dass Sie ein anderes Frachtunternehmen finden, dass den Transport preisgünstiger bewältigen kann. Denken Sie daran: Der Kunde ist König. Seien Sie taktvoll, erkunden Sie die realistischen Optionen und finden Sie ein Transportunternehmen, das Sie bei allem betreuen wird.

Aufstellung des Containers

Wenn Ihr Container ankommt, gibt es verschiedene Möglichkeiten, wie Sie ihn an den vorbestimmten Platz bringen. Der einfachste ist, den Container an seinen Platz zu kippen. Wenn der Container auf einem Tieflader kommt, ist das ein ziemlich einfaches Unterfangen. Sie benötigen etwas Platz um die vorbestimmte Stelle herum, aber wenn der Fahrer rangieren kann, ist es vielleicht möglich den Container genauso auszurichten, wie Sie es wünschen und der Schwerkraft den Rest zu überlassen. Wenn Sie so vorgehen wollen, müssen Sie das bei der Anlage Ihrer Baustelle berücksichtigen. Es spart Ihnen die Kosten für einen Kran oder LKW mit Ladekran. Sie müssen das Fundament allerdings so anlegen, dass vor der kurzen Seite Raum zum Rangieren für einen Tieflader ist.

Aufstellung mit einem Kran oder Ladekran

Vielleicht ist Ihr Grundstück etwas abgelegen oder eingezwängt, so dass ein Tieflader den Container nicht an seinen Platz kippen kann. Vielleicht wollen Sie auch zwei Container aufeinandersetzen. Wenn das der Fall ist, müssen Sie einen Kran oder einen LKW mit Ladekran mieten. LKWs mit Ladekränen sind preisgünstiger, aber sie können nicht das gleiche Gewicht heben wie ein Kran. Sie können lediglich 6 Meter-Container bewältigen, so dass Sie für die größeren Container Kräne benötigen. Mit einem Kran können Sie 12 Meter-Container überallhin befördern, wohin Sie wollen. Der einzige Nachteil ist, dass der durchschnittliche Mietpreis für einen Kran bei 700 US-Dollar pro Tag liegt. Sie können sich nach preiswerteren Optionen umsehen, aber in manchen Gegenden bekommen Sie dann auch, wofür Sie bezahlen.

Isolierung

Die Isolierung ist ein Thema, das wir auf diesen Seiten immer wieder ansprechen, und das aus einem guten Grund. Container sind große Metallkisten. Ohne Isolierung können Sie zu Öfen oder Kühlschränken werden. Eine Isolierung verhindert das und macht Ihren Container widerstandsfähiger gegen Hitze oder Kälte, die aus der Umgebungsluft aufgenommen wird. Der Boden Ihres Containers benötigt ebenfalls eine Isolierung. Wenn es möglich ist, eine 2,5 Zentimeter starke Schicht Dämmschaum aufzusprühen, bevor Sie ihn an seinen endgültigen Standort setzen, sparen Sie langfristig viel Zeit und Geld. Eine andere Möglichkeit ist, einige Schichten von Dämm-Matten oder -Rollen auf das Fundament zu legen, bevor Sie den Container aufsetzen. Das ist nicht genauso gut, besonders aufgrund der Abnutzung durch abfließendes Wasser, aber es verbessert auf jeden Fall die Isolierung Ihres Hauses.

Tipp: Manchmal ist trotz aller Anstrengungen das Fundament nicht genau in der Waage. Wenn Ihnen das passiert, können Sie Unterlegbleche oder Abstandshalter verwenden, um den Container dort anzuheben, wo es nötig ist.

Profi Tipp: Wenn Sie mit aneinander angrenzenden Containern arbeiten, hilft es, auch die Zwischenräume zu isolieren. Bauschaum ist dafür perfekt. Kleiden Sie das Innere der Container mit Bauschaum aus und Sie werden den Luftzug und die Feuchtigkeit draußen halten und das Innere Ihres Heims im Sommer kühl und im Winter warm halten.

Reinigung des Containers

Die Reinigung des Containers ist äußerst wichtig, wenn Ihr Lebensraum frei von Schadstoffen sein soll. Sie sollten diese Arbeit erledigen, bevor Sie Ihre Container verbinden. Die Reinigung ist umso wichtiger, wenn Sie einen gebrauchten Container verwenden statt einen neuen oder einmal gebrauchten Container.

Neue und einmal gebrauchte Container hatten noch nicht die Zeit, die Schadstoffe verschiedener transportierter Güter aufzunehmen. Vielleicht können Sie sogar einen neuen ohne Boden oder mit unbehandeltem Boden bestellen, wenn Sie Glück haben. Wenn Sie aber Ihren Container vor der Aufstellung säubern müssen, sind Sandstrahler und Hochdruckreiniger die besten Werkzeuge. Wenn es wirklich nötig ist, können Sie Schleifmaschinen oder sogar Drahtwolle verwenden. Das gesamte Innere und Äußere des Containers muss gereinigt und auf Schäden überprüft werden. Das Innere ist besonders wichtig, da Schadstoffe aus der Farbe oder dem Boden in die Luft Ihres Heims gelangen und Ihre Gesundheit und die Ihrer Familie gefährden können. Nach der Reinigung hilft die Aufbringung von Dämmschaum, eine undurchdringliche Barriere ins Innere aufzubauen. Sie können den Boden entfernen und ersetzen oder Sie können eine undurchlässige Auflage auf den Boden aufbringen.

Verankerung des Containers

Container sind schwer. Während das beim Transport ein Nachteil ist, ist es für die Stabilität von großem Vorteil. Das bedeutet, dass er oft ohne zusätzliche Mittel fest auf seinem Fundament steht. Sie sollten ihn aber dennoch fester mit dem Fundament verbinden. Wir haben diesen Punkt schon bei der Behandlung der Fundamente angesprochen, aber er verdient etwas mehr eigene Aufmerksamkeit.

Sie haben bei der Verankerung viele Möglichkeiten. Wenn Sie Stahlplatten in Ihr Fundament eingelassen haben, können Sie den Container daran festschweißen. Alternativ können Sie Winkeleisen in L-Form gegen den Boden Ihres Containers und auf das Fundament setzen und sie an beiden befestigen. Dafür müssen Sie ein Loch in den Beton bohren und ein paar Löcher in den Container, um das Winkeleisen zu verankern. Sie können auch ein Loch direkt durch den Container bohren und ihn im Fundament verankern. Beide Methoden bieten zusätzliche Stabilität gegen Wind und andere Seitenkräfte.

Es ist ziemlich einfach, den Container festzuschweißen und Sie sollten eine gute Vorstellung davon haben, was es heißt Winkeleisen zu verwenden. Werfen wir jetzt einen genaueren Blick darauf, wie man den Container mit Schrauben direkt am Fundament befestigt.

Zuerst benötigen Sie ein 2.5 Zentimeter großes Loch durch den Container und das Fundament darunter. Versuchen Sie, etwa 30 cm in den Beton darunter zu bohren. Das erlaubt Ihnen, eine 30 x 2,5 cm Schraube durch das Loch ins Fundament zu treiben. Benutzen Sie eine Unterlegscheibe, denn Sie bietet eine größere Oberfläche für die Verankerung. Nachdem Sie die Schraube eingeschlagen haben, können Sie ihn die restliche Strecke mit einem Schraubenschlüssel oder einer Ratsch festziehen. Eine Schraube pro Ecke ist ausreichend.

Container verbinden

Wenn Sie mehr als einen Container verwenden, ist es unbedingt nötig, sie miteinander zu verbinden. Wenn Sie ihr Heim in die Höhe bauen oder wie ein Doppelhaus, müssen Sie sie aus Sicherheitsgründen verbinden. Das können Sie durch Verschrauben, Klammern und Schweißen erreichen. Mit jeder dieser Methoden können Sie sicherstellen, dass Ihre Container wie einzelne Einheit zusammenhalten, allerdings benötigen Sie unterschiedliche Werkzeuge. Schauen wir sie uns im Einzelnen an, um zu sehen, welches die richtige für ihren Bau ist.

Klammern

Klammern sind gut, wenn Sie den preisgünstigen Weg nehmen wollen. Dies ist die preisgünstigste der drei Optionen. Sie sind auch eine gute Option, wenn Sie planen, Ihre Container später einmal wieder auseinanderzunehmen und zu transportieren. Mit Klammern können Sie Ihre Container wieder leicht voneinander lösen und aufladen. Allerdings geht das zu Lasten der Stabilität. Und wenn Sie Ihre Container schon mit Schrauben am Fundament befestigt haben, ist es am besten, sie auch untereinander zu verschrauben. Das gibt der gesamten Struktur viel mehr Stabilität.

Verschrauben

Wie oben schon angedeutet, ist auch das Verschrauben Ihrer Container eine gute Option. Sie müssen den Bohrer benutzen, aber es ist fast so preisgünstig wie Klammern. Außerdem wird Ihr Haus sicherer gegen Verschiebungen sein. Es ist sicherer als Klammern und nur etwas teurer. Wenn Sie sich für diese Option entscheiden, sollten die Container an den anliegenden Ecken miteinander verschraubt werden. Bohren Sie durch die Ecken von einem Container zum nächsten. Sie sollten auch durch ein Metallblech bohren, das als Unterlegscheibe für das geschnittene Ende der Schraube dient. Stecken Sie die Schraube durch das Loch bis in den anderen Container. Stecken Sie auf dieser Seite zusätzlich zur Unterlegscheibe und Mutter eine Metallplatte auf die Schraube. Ziehen Sie die Mutter zuerst von Hand an und dann mit einer Knarre fest. Dichten Sie Lücken mit Dichtmasse ab.

Schweißen

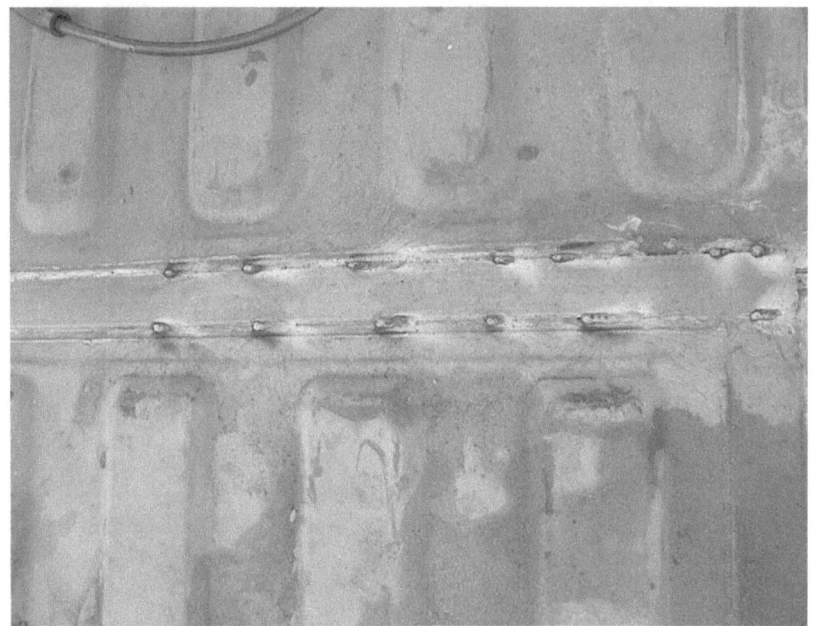

Sowohl Verschrauben als auch Klammern sind Methoden, die wieder rückgängig gemacht werden können, aber Sie können Geschweißtes nicht wieder „entschweißen". So funktioniert es einfach nicht. Es bietet jedoch eine Verbindung, die so fest ist, als wären die verschweißten Punkte aus dem gleichen Metall gemacht. Das bedeutet, dass Sie durch Schweißen die absolut stabilste Verbindung zwischen Ihren Containern herstellen, die unter diesen Umständen möglich ist. Wenn Sie die Schweißpunkte richtig behandeln, wird die Lebensdauer Ihres Containers um mehrere Jahre verlängert. Mit dieser Option fallen später praktisch keine Reparaturen an. Der größte Nachteil ist, dass ein späterer Transport das Auseinanderschneiden der Container erforderlich macht. Denken Sie also an Ihre langfristigen Pläne. Wenn Sie für die absehbare Zukunft in dieses Grundstück investieren, könnte Schweißen die bessere Lösung sein. Schweißen macht die Struktur starrer und sicherer. Es hilft auch dabei, die Container in der Waagerechten zu halten, selbst wenn Sie sich setzen. Wenn Sie über die Ausrüstung und die Werkzeuge verfügen, ist Schweißen bei weitem die beste Option für langlebige Containerhäuser ohne größere Reparaturen.

Die Container sollten am Zusammenstoß des Dachs, des Bodens und der Seitenenden geschweißt werden. Eine der besten Methoden ist es, ein Stück Flachstahl (8 x 0,3 cm) gegen den Zusammenstoß der Dächer zu halten und mit einer Rollennaht festzuschweißen. Wenn das erledigt ist, wiederholen Sie den Prozess an jeder Seitenwand mit einem 5 x 0,3 cm Stück Flachstahl. Schweißen Sie abschließend die Böden der angrenzenden Container mit einem 5 x 0,3 cm Stück Flachstahl zusammen. Damit haben Sie alle Kontaktpunkte der Container sicher miteinander verschweißt.

Tipp: Um Rost zu vermeiden, streichen Sie einige Schichten Latexfarbe über die Flachstähle. Achten Sie darauf, die Schweißnähte komplett mit Farbe zu bedecken.

Checkliste Umbauplan, Lieferung, Aufstellung und Verbindung

- Lassen Sie sich mehrere Angebote für den Transport des Containers machen.

- Entscheiden Sie sich, ob Sie den Container vor Ort oder in einer Werkstatt umbauen wollen und planen Sie Ihre Lieferung dementsprechend.

- Arrangieren Sie die Lieferung des Containers.

- Schauen Sie sich das Grundstück an und entscheiden Sie, ob ein Kran oder ein Tieflader mit Ladekran für die Aufstellung geeignet sind.

- Isolieren Sie den Boden des Containers wenn möglich vor dem Aufstellen.

- Sichern Sie die Container nach dem Aufstellen mit Schrauben oder durch Schweißen.

- Sprühen Sie Dämmschaum zwischen benachbarte Wände.

- Verbinden Sie die Container sicher miteinander mittels Klammern, Schrauben oder durch Schweißen.

Kapitel 6 – Anbringung des Dachs

Die nächste Designoption - insbesondere wenn Sie Ihren Container direkt zu Ihrem Grundstück liefern lassen - ist die Frage, was Sie mit dem Dach machen. Ein Vorteil von Frachtcontainern ist, dass sie bereits über ein Dach verfügen. Wenn Sie mit einem minimalen Budget arbeiten, können Sie es lassen, wie es ist. Allerdings kalkulieren Sie dann ein, dass sich Pfützen und Rost auf dem Dach bilden und in den nächsten Jahren, Probleme durch Überhitzung und starke Abkühlung entstehen sowie einige teure Reparaturen auf Sie zukommen. Stattdessen könnten Sie beim Dach richtig kreativ werden. Sie könnten sich für ein Dach mit nur einer geneigten Seite entscheiden und ein Sheddach auf Ihren Container setzen oder ein Giebeldach, das zu beiden Seiten geneigt ist. Dies sind nur die einfachsten Optionen, aber lassen Sie uns einen Blick auf beide werfen.

Arten von Dächern

Flachdach

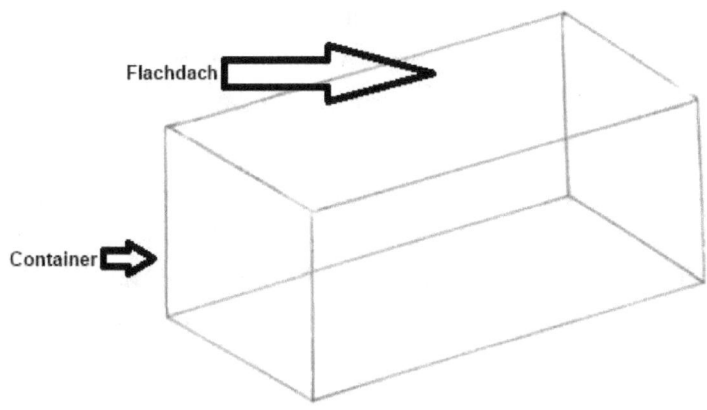

Wenn Ihr Budget knapp ist und Sie am liebsten schon gestern ein Dach aufgesetzt hätten, sollten Sie ein flaches Dach in Erwägung ziehen. Es kommt mit dem Container und Sie können später immer noch ein anderes Dach aufsetzen. Es ist die einfachste, schnellste und preiswerteste Lösung und benötigt keine oder nur wenige Modifikationen. Ganz ehrlich reicht es für die meisten Bauten aus. Es hält Jahre und nur, wenn Sie in Jahrzehnten denken, ist es eine weniger wünschenswerte Lösung. Aber denken Sie daran, dass die Dämmung der Schwachpunkt bei Containerhäusern ist, so dass Sie auf jeden Fall etwas mit dem oberen Ende Ihres Containers tun müssen, wenn Sie sich gegen ein Dach entscheiden.

Zunächst einmal sind die Dächer von Containern nicht für die Abführung von Wasser konstruiert. Das heißt, dass sich auf dem Container Wasser sammelt, bis es verdampft oder Sie es irgendwie beseitigen. Wenn wir über Wasserpfützen in Verbindung mit Metall sprechen, bedeutet das Rost. Wenn sich auch nur der kleinste Kratzer im Anstrich befindet, kann das in Nullkommanichts eine bauliche Instabilität bedeuten. Sie können die Gefahr mindern, indem Sie Ihr Dach mit einer Abdeckplane schützen. Darauf können Sie Asphaltrollen als zusätzlichen Schutz auslegen. Denken Sie jedoch daran, dass das Dach Ihres Containers enorm von einer Dämmschicht profitiert, die Sie unter die Plane legen können. Die Kombination aus Dämmung, Abdeckplane und Asphalt wird Ihren Container relativ kühl halten und Ihn vor Schäden durch Lecks und Rost schützen. Außerdem halten die Asphaltrollen die Plane an ihrem Platz, so dass Sie sie nicht täglich glattziehen müssen.

Nachdem Sie den Asphalt gelegt haben, müssen Sie ihn fixieren. Denken Sie daran, 5 cm Überhang an den Seiten und Kopfenden zu lassen. Bohren Sie durch den Asphalt und das Dach des Containers, um die Streifen mit Schrauben und Klammern zu befestigen. Denken Sie daran, die Schrauben mit Asphaltmastix zu versiegeln, um undichte Stellen zu vermeiden.

Wie oben erwähnt, ist es eine gute Option, das Dach des Containers mit Bauschaum zu dämmen. Allerdings wird der Nutzen erhöht, wenn ein Dach aufgesetzt wird und danach eine zusätzliche Dämmung angebracht wird. Schauen wir uns also einige weitere Möglichkeiten für ein Dach an.

Sheddach

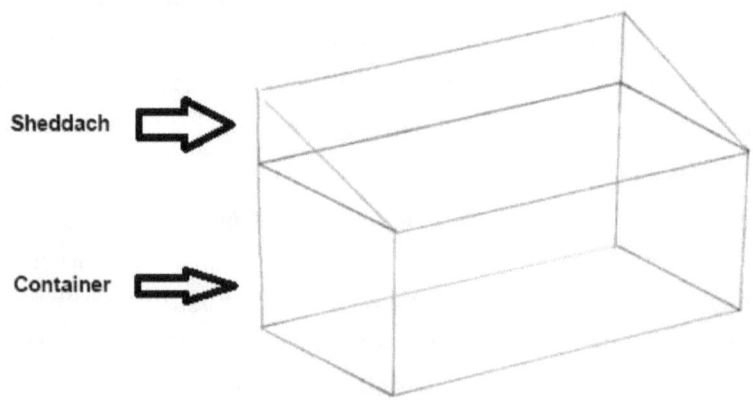

Dies ist die einfachste Lösung, ein Dach anzubringen. Es besteht im Wesentlichen aus einer, von ihrer Haustür weggeneigten Fläche. Auf diese Weise fließt das Wasser auf der Rückseite Ihres Hauses ab und ergießt sich nicht über den Eingang. Für ein Sheddach wird eine Längsseite die hohe Seite, die andere die niedrige Seite der geneigten Fläche. Das Sheddach ist eine relativ schnell anzubringende Lösung. Es nimmt höchstens ein paar Tage in Anspruch, wenn Sie die Balken und Fachwerkträger zur Hand haben. Wenn Sie außerdem planen, Solarpanel zu verwenden, ist ein Sheddach die richtige Wahl. Sie können eine maximale Leistung erzielen, wenn Sie das Dach zur Sonne ausrichten. Um das zu bewerkstelligen benötigen Sie allerdings mehr Werkzeuge, Mittel und Kenntnisse als Sie für ein Flachdach benötigen. Wenn Sie über ein knappes Budget verfügen, aber dennoch ein Dach haben wollen, ist ein Sheddach die preisgünstigste Option.

Anbringung

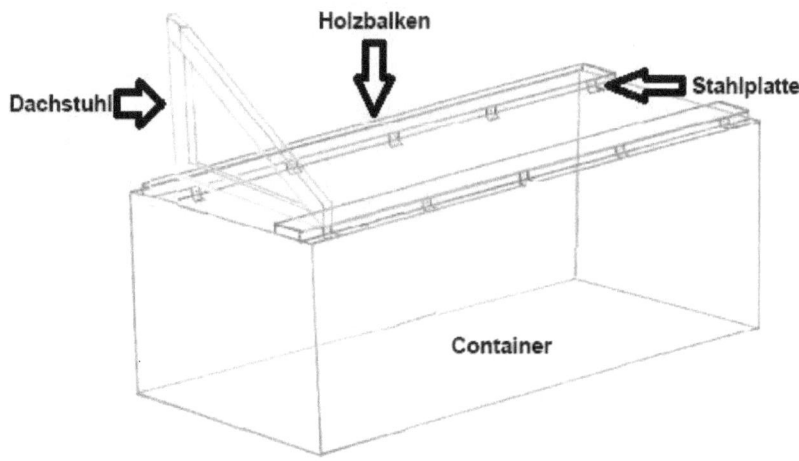

Beginnen wir am Anfang: Sie können nicht einfach Ihr Dach auf den Container setzen. Sie müssen es darauf verankern. Die einfachste Art, das zu bewerkstelligen, ist die Verwendung von rechtwinkligen Winkeleisen. Sie benötigen einen Balken, der die gesamte Länge des Dachs entlangläuft. Ein 5 x 15 cm starker

Balken reicht dazu aus. Markieren Sie, wo Sie den Balken ansetzen wollen und versehen Sie dann die Kante mit den Winkeleisen. Schweißen Sie diese an und drücken Sie den Balken dagegen. Der Balken wird an den hochstehenden Kanten der Winkeleisen befestigt. Sie müssen durch die Kante bohren – es sei denn, Sie haben welche mit vorgebohrten Löchern – und die Balken mit Schrauben befestigen.

Nachdem Sie die Balken gesetzt haben, ist es Zeit für die Fachwerkträger. Setzen Sie sie höchstens 45 cm auseinander. Wenn Sie richtig rechnen, ergibt das 14 Träger für einen 6 Meter langen Container und 28 für einen 12 Meter langen. Die Träger werden direkt in die Balken geschraubt oder genagelt und zwar schief. Das heißt, Sie schlagen einen Nagel von der rechten und einen weiteren von der linken Seite ein. Versuchen Sie, einen Winkel von etwa 25 Grad von der Vertikalen einzuhalten. Die Nägel werden so in einem X-Muster eingeschlagen, wenn Sie durchs Holz schauen könnten. Dies ergibt für jeden Träger die größte Stabilität gegen seitlichen Druck.

Langsam nimmt Ihr Dach Gestalt an. Die Träger zeigen Ihnen die Form Ihres Daches, wenn die abschließenden Arbeiten getan sind. Als nächstes müssen Sie die Dachpfetten (waagrechten Träger) setzen. Das sind lange Balken, die über die geneigte Seite der Träger laufen. Sie laufen an der Neigung entlang, beginnend am höchsten Ende, und werden nicht mehr als 30 cm auseinander gesetzt. Wenn Sie mit 6 Meter langen Balken arbeiten benötigen Sie nur einen pro Durchgang für einen 6 Meter-Container und zwei für einen 12 Meter-Container. Jetzt können Sie Verstärkungen für die Träger anbringen. Diese haben die Form von Hurrikan-Clips, um Ihr Dach widerstandsfähiger gegen Winddruck zu machen.

Jetzt ist es an der Zeit, Ihr Dach zu decken. Auch hier gibt es wieder verschiedene Möglichkeiten. Bevorzugen Sie Dachschindeln? Beschichtete oder verzinkte Stahlplatten? Und wieder einmal hängt die beste Wahl von Ihren Ressourcen und der gewünschten Funktionalität ab. Die preisgünstigste Lösung sind Dachschindeln. Sie sind relativ einfach anzubringen, wenn Sie nicht viel Hilfe oder Ausrüstung haben. Allerdings halten Schindeln nicht sehr lange, so dass Sie Ihr Dach in ein paar Jahren reparieren müssen. Wenn Sie etwas Dauerhafteres haben wollen, sollten Sie vielleicht die Lösung mit verzinktem Stahl in Erwägung ziehen. Er ist haltbarer als Schindeln und recht einfach anzubringen.

Die Lösung, die Sie wählen sollten, falls der Preis keine Rolle spielt, ist beschichteter Stahl. Er verlangt etwas mehr hinsichtlich Ihrer Werkzeuge, Ihres Geschicks und Ihrer Kenntnisse, zahlt sich sich aber langfristig aus. Wenn es richtig versiegelt ist, dauert es Jahrzehnte, bis ein Dach aus beschichtetem Stahl eine Instandsetzung benötigt. Prüfen Sie also Ihre Optionen, denken Sie darüber nach, was Sie für Ihr Haus wirklich möchten, und legen Sie dann los.

Jedes Dach, unabhängig vom Stil, profitiert von guter Ventilation. Wie bei der Unterseite Ihres Containers, erlaubt diese einen freien Fluss von Wärme und Kälte, ohne dass sie in Ihr Heim geleitet wird. Um Ihr Sheddach richtig zu isolieren, müssen die Träger an beiden Seiten etwa 30 cm über das Ende Ihres Containers hinausragen. Bringen Sie ein Traufbrett an, um den Überhang zu verkleiden und anschließend ein Windbrett für die Unterseite, wobei Sie aber eine Lücke von 3 cm für die Ventilation lassen. Bedecken Sie die Lücke mit Drahtgeflecht, so dass Sie keine Probleme mit Schädlingen bekommen, die hineinkriechen. Die Ventilation hilft, Hitzefallen und rostbegünstigende Kondensation zu vermeiden.

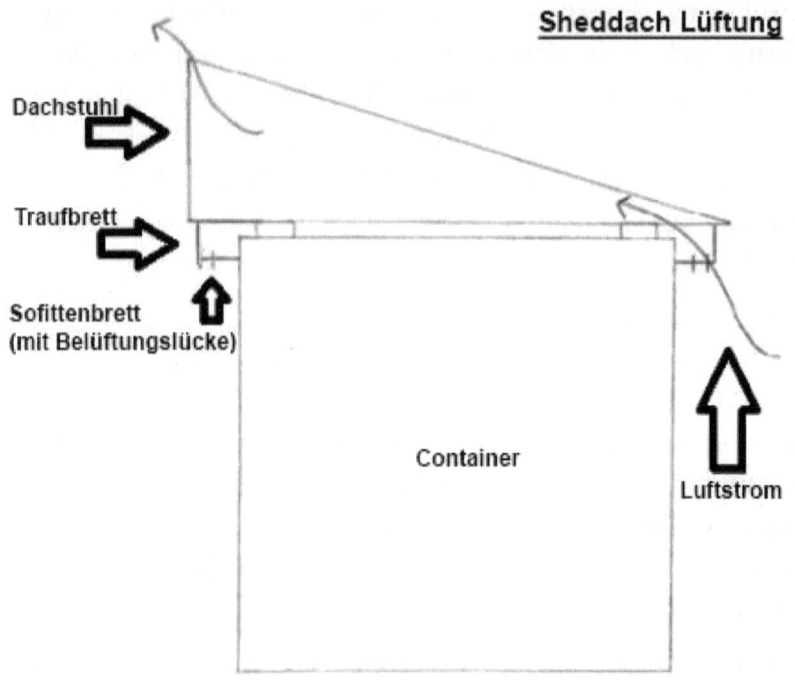

Tipps: Lassen Sie Ihr Design von einem Bauingenieur überprüfen. Er kann die genauen Ansprüche an die Tragfähigkeit Ihres Dachs bestimmen, wobei die natürlichen Belastungen durch Wind, Regen und Schnee in Ihrer Gegend in Betracht gezogen werden. Die Anzahl der Dachträger und Dachpfetten ist hoch angegeben worden, damit sie unter den meisten Bedingungen gültig ist.

Giebeldach

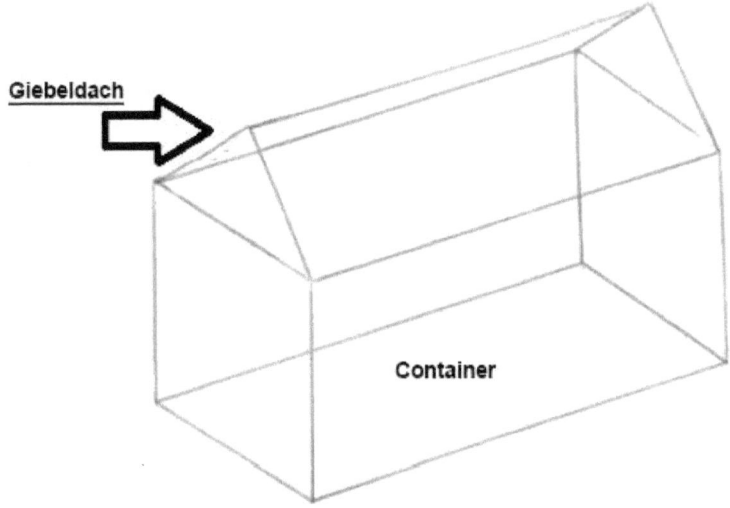

Wenn Sie es noch etwas eleganter wollen, haben wir ein Giebeldach für Sie. Dies ist die Art Dach, die man auf den meisten einstöckigen Häusern zu sehen erwartet. Sie haben einen Giebel in der Mittel und ermöglichen den Abfluss von Wasser auf beiden Seiten. Außerdem verleiht es Ihrem Haus ein traditionelleres Aussehen, wenn es fertig ist. Das ist wichtig, wenn Sie in den Vororten bauen. Sie erhalten auf einen Schlag ein ästhetischeres Finish und wahrscheinlich weniger Ärger mit den Nachbarn.

Das Dach hat im Querschnitt eine Dreiecksform und ist für den Wasserabfluss ideal. Dadurch wird die Lebensdauer Ihres Daches um mehrere Jahre, wenn nicht ein Jahrzehnt, verlängert. Außerdem erhalten Sie mit dieser Dachform mehr Dach- und Deckenraum als mit anderen Entwürfen. Es ist nichts für schnelle und preisgünstige Bauvorhaben, aber Sie haben genug Raum, um das Dach mit einer dickeren Dämmung zu versehen.

Installation

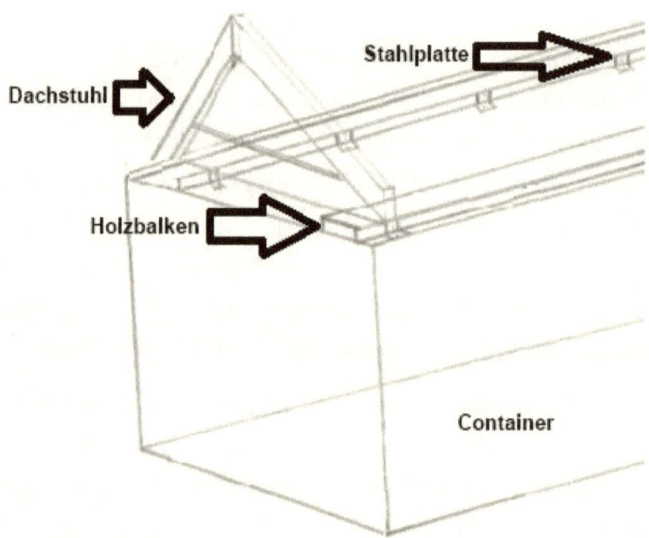

    Die Anbringung eines Giebeldachs entspricht im Wesentlichen der eines Sheddachs. Sie beginnen mit den 5 x 15 cm starken Balken, die mit Hilfe von rechtwinkligen Winkeleisen am Dach befestigt werden. Schrauben Sie die Balken an den hochstehenden Enden der Winkeleisen fest. Befestigen Sie dann die Dachträger an den Balken mit einem Abstand von nicht mehr als 45 cm. Schrauben oder nageln Sie die Träger in einem schrägen Muster in die Balken. Bringen Sie Verstärkungen am Gerüst an. Setzen Sie die Dachpfetten entlang der geneigten Träger auf der gesamten Länge des Daches. Beginnen Sie oben und lassen Sie nicht mehr als 30 cm Abstand. Anschließend decken Sie das Dach mit Schindeln, verzinkten oder beschichteten Stahlplatten.

Bezüglich der Ventilation gilt das gleiche wie für ein Sheddach. In diesem Fall lassen Sie einen Überhang von etwa 30 cm auf den Längsseiten des Daches. Befestigen Sie auf beiden Seiten die Traufbretter und an der Unterseite die Windbretter und verschließen Sie die Lücke mit einem Drahtgeflecht. So erhalten Sie die nötige Belüftung und schützen Ihr Dach vor Schädlingsbefall.

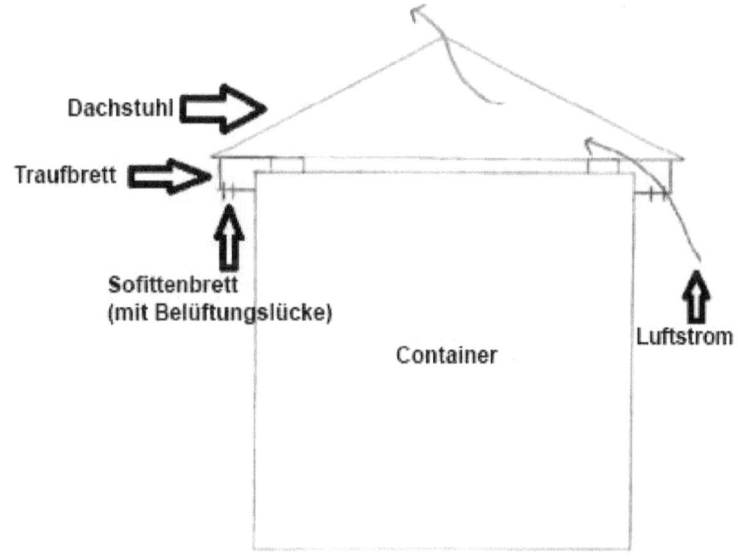

Checkliste Dach

- Lassen Sie sich von einem Bauingenieur hinsichtlich Ihres Dachs und seiner Tragfähigkeit beraten.

- Denken Sie an typische Wetterbedingungen und die Anforderungen an die Tragfähigkeit.

- Entscheiden Sie sich für einen Dachtyp.

- Bringen Sie die Dachträger an, verstärken Sie sie und installieren Sie Dachpfetten.

- Bedecken Sie die Konstruktion mit Dach- und Dämmmaterial.

- Denken Sie an das Trauf- und Windbrett, um die Lebensdauer des Daches zu erhöhen.

Kapitel 7 – Außenanschlüsse: Wasser, Elektrizität, Abwasser, Telefon

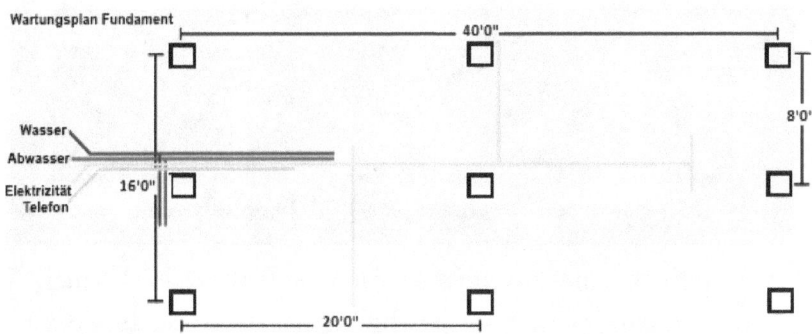

Die Außenanschlüsse gehören zu den frühen Schritten bei der Vorbereitung Ihres Grundstücks und Ihres Containers. Kein Haus ist ohne Grundversorgung vollständig. Hierbei führen Sie die Elektrizität, die Telefonleitung und die Wasserleitung auf Ihr Grundstück. Das schließt auch die Verlegung der Wasser- und Abwasserleitungen bis zum Container mit ein. Telefonkabel und elektrische Leitungen werden zu Kästen am Äußeren des Containers geführt und dann durch die Wand des Containers mittels ein paar Bohrlöchern ins Innere.

Um die Terminologie zu klären: bei der Grundversorgung geht es darum, alles auf dem Grundstück erreichbar zu machen. Drainagerohre sollten so angelegt werden, dass sie vom Container in die öffentlichen Abwasserkanäle führen oder, wenn Sie weit außerhalb der Stadt bauen, in einen septischen Tank. Die Hauptwasserleitung sollte von der städtischen Wasserleitung in die Hauptwasserleitung Ihres Gebäudes führen. Stellen Sie sicher, dass Sie ein Ventil installieren, um die Hauptwasserleitung abzusperren, falls das erforderlich ist. Die elektrischen und Telefonleitungen können Sie ziehen, ohne dass Sie die Schaltkästen bereits an der Außenseite des Containers befestigen müssen, aber es spart ein paar Schritte, wenn Sie das sofort erledigen können.

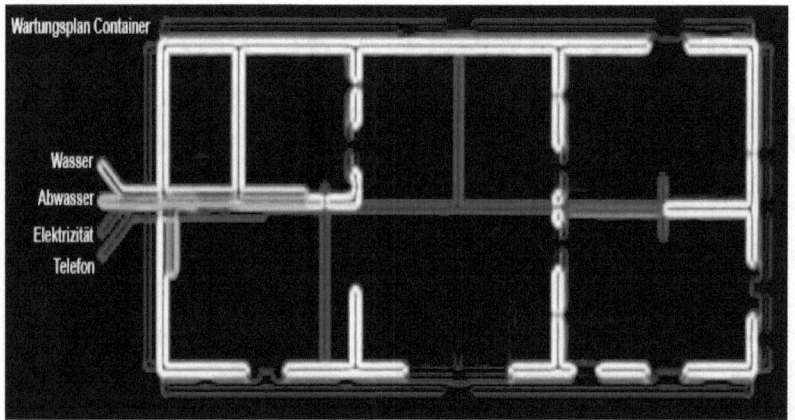

Nachdem Sie die Grundversorgung verlegt haben, können Sie mit dem Einbau des Bodens, des Rahmenausbaus des Inneren und der Decke und dem Einbau der Dämmung fortfahren. Wenn Sie all das erledigt haben, sind Sie bereit zu Installation der Hausanschlüsse. Dabei führen Sie die Leitungen von Ihrem Grundstück zu allen Steckdosen, Lampenanschlüssen, Abflüssen, Wasserhähnen und Telefonbuchsen. Es ist nur ein kleines Projekt, aber es vergrößert den Heimfaktor Ihres neuen Wohnraums erheblich.

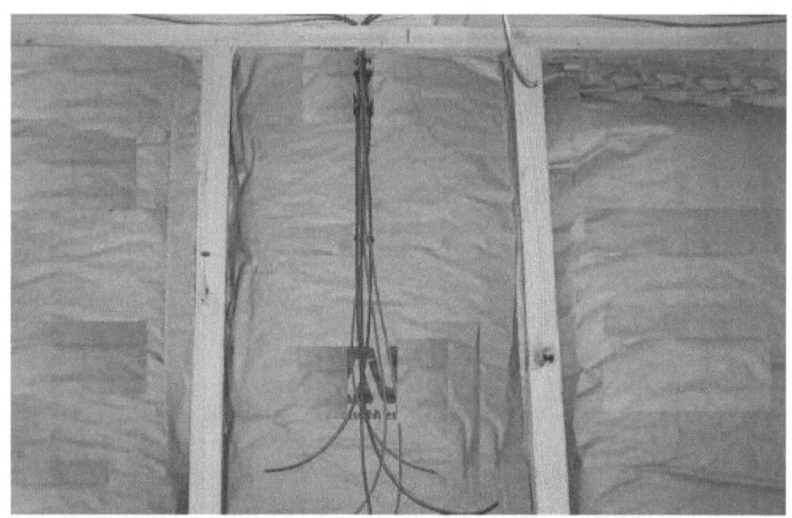

Wenn Sie vor Wahlmöglichkeiten bezüglich ihrer Versorgungsleitungen stehen, bedenken Sie, welcher Art ihr Fundament ist. Wenn Sie ein Streifenfundament oder eine Flachgründung haben, haben Sie schon Ihre Wasser- und Abwasserrohre dorthin gelegt, wo sie im Innern des Containers benötigt werden. Mit Pfählen und Pfeilergründungen müssen Sie sich um die Lage der Grundstücksanschlüsse zunächst keine Gedanken machen, bis Sie ihren Container aufgestellt haben. Sie haben Raum genug, um Löcher zu bohren und die Leitungen hindurchzuführen.

Wenn Sie mit Flachgründungen oder Streifenfundamenten arbeiten, sollten Sie die Löcher vorbohren und dann den Container an seinen vorgesehenen Platz manövrieren. Bei der Elektrik oder der Telefonleitung müssen Sie sich darum keine Gedanken machen, da sie direkt in den Container bohren können, um die Leitungen ins Innere zu verlegen.

Denken Sie daran, dass Sie einen vollständigen Plan Ihres fertigen Hauses haben sollten, bevor Sie zur Schaufel greifen. Das heißt, eine richtige Planung stellt sicher, dass Sie Wasser und Abwasser rechtzeitig berücksichtigen. Verlegen Sie die Wasser- und die Abwasserleitung relativ nah beieinander und machen Sie die

Installation für die elektrischen und die Telefonleitungen nicht zu kompliziert. Es hilft, wenn Sie einen Plan ausschließlich für die Versorgungsleitungen machen. Damit ist die Reihenfolge der Installation klar vorgegeben.

Die Grundstücksanschlüsse installieren

In diesem Teil wird es etwas technisch. Sie müssen wahrscheinlich einen Elektriker beauftragen, um den Schaltkasten zu verdrahten und einen Telefontechniker, um Ihr Telefon anzuschließen. Und dann gibt es noch den Klempner. Wenn Sie ein begabter Heimwerker sind, können Sie diese Arbeit sicherlich ausführen. Wenn Sie aber einen Klempner kommen lassen können, um die Wasser- und Abwasseranschlüsse zu machen, spart Ihnen das auf jeden Fall Kopfschmerzen. Sie müssen sich nicht um meterweise Teflonband, PVC, Dichtungsmasse und andere Klempnermaterialien kümmern. Noch einmal: Wenn Ihre Pläne klar und wohlüberlegt sind, hilft das, damit alle Beteiligten an einem Strick ziehen und der Bauprozess problemlos verläuft. Das hilft Ihnen, einige Arbeitsstunden und Materialien zu sparen, im Sinne von Sackgassen und teuren Fehlern.

Lassen Sie uns einen Blick darauf werfen, was Sie für die Grundstücksanschlüsse benötigen:

Elektrische Leitungen und Telefonanschluss

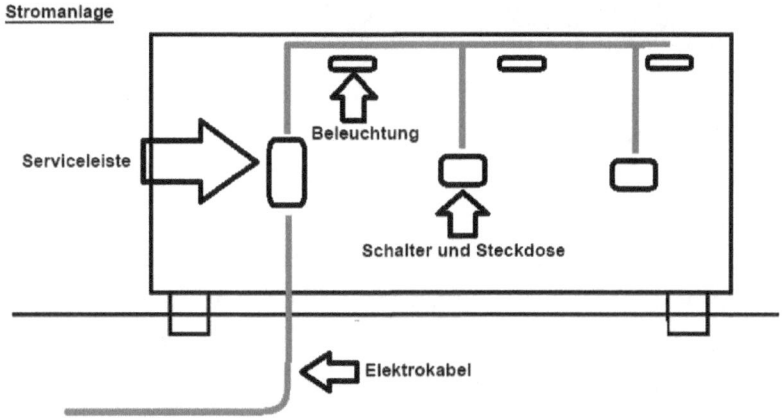

Wenn Sie aufgepasst haben, merken Sie sofort, dass das obige Bild Grundstücks- und Hausanschlüsse gemeinsam zeigt. In Bezug auf die Elektrizität ist die wichtigste Frage beim Fertigstellen Ihrer Grundstücksanschlüsse, wo Sie Ihren Schaltkasten platzieren. Sie können sie entweder aufhängen und unter dem Dach Ihres Containers entlangführen, oder sie unter der Erde verlegen und sie aus dem Boden in den Schaltkasten führen. Woran Sie denken sollten ist, dass, wenn Sie Container zusammenschweißen, Sie nicht mehr die Möglichkeit haben, die Leitung zwischen den Containern durchzuziehen. Es ist dann besser, die elektrische Leitung unter der Erde und dann in den Container zu verlegen.

Da wir über Elektrizität reden, sei angemerkt, dass die Bauvorschriften vorschreiben, dass die Leitungen von einem qualifizierten Elektriker verlegt werden müssen. Außerdem kann man sich dabei einen elektrischen Schlag holen, es ist also besser, jemand mit den richtigen Fachkenntnissen vor Ort zu haben. Man sollte sich auch daran erinnern, dass Container Metallkästen sind, die Strom sehr leicht leiten. Daher ist die Erdung von großer Bedeutung. Das gesamte Gebäude sollte mit einem Erdungsstab geerdet werden, um Sie vor Gefahren der Elektrizität zu bewahren. Auch die Leitung sollte geerdet sein. Wenn Sie über die nötigen

Fachkenntnisse verfügen und die Bauvorschriften erfüllen können, dann los. Ansonsten, sehen Sie zu, dass Sie einen preisgünstigen Elektriker finden, der die Installationen vornimmt.

Wie Sie sehen, ist die Telefonleitung auf dem Diagramm nicht zu sehen. Sie benötigt einen anderen Schaltkasten als die elektrischen Leitungen. Wenn Sie es jedoch richtig anstellen, können Sie das gleiche Bohrloch für beide Leitungen benutzen oder Sie platzieren die beiden Löcher eng beieinander. Wenn Sie Ihr Grundstück mit Elektrizität versorgen wollen, bevor Sie die Hausanschlüsse machen, können sie schon draußen einen Schaltkasten für Ihre elektrischen Werkzeuge anschließen. Das ist eine gute Option für die Heimwerker unter Ihnen.

Die Hausanschlüsse bedürfen eines Rahmenausbaus im Innern. An ihm führen Sie die Leitungen entlang bis zu Ihren Lichtschaltern, Lampenanschlüssen und Steckdosen. Zuerst wird ein Schaltkasten installiert. Als nächstes wird die Leitung vom Schaltkasten durch die Decke entlang der Leisten des Wandrahmens geführt. Auch hier ist es wieder ratsam, die Installation in die Hände von qualifizierten Technikern zu übergeben. Denken Sie daran, alle Löcher anschließend mit Dichtmasse zu verschließen.

Abwasserrohre installieren

Ihre Abflüsse funktionieren mittels Schwerkraft, d.h. dass das gesamte Wasser, das das Haus verlässt, ein Rohr *hinunter*fließt, um aus dem Haus zu gelangen. Sie müssen die Neigung des Rohres über seine gesamte Länge beibehalten. Um das Abwassersystem in den Container zu bringen, müssen Sie zunächst einmal ein Loch bohren. Das Rohr in den städtischen Abwasserkanal oder den septischen Tank sollte schon liegen. Sie können ein vertikales Stück Rohr mit dem Abwasserrohr verbinden und das Loch außen herum versiegeln.

Da Sie das Wasser vom Haus wegführen, müssen Sie eine Neigung von 0,64 cm auf 30 cm Länge planen. Damit fällt Ihre Leitung um 2,5 cm auf 1,2 Meter (1 Zoll auf vier Fuß). Die Idee ist, das Wasser langsam, aber stetig von Ihrem Haus wegzuführen. Wenn Sie die Neigung unbedingt reduzieren müssen, können Sie das bis auf 0,32 cm pro 30 cm tun. Das wird jedoch die Strecke, die das Abwasser zurücklegen kann reduzieren. Während also ein Höhenunterschied von 60 Zentimetern mit einem Gefälle von 0,64 cm auf 30 cm zwischen Abwasserquelle und dem städtischen

Abwasserkanal ohne Probleme eine 30 Meter lange Abwasserleitung erlaubt, sind mit einem Gefälle von 0,32 cm auf 30 cm nur knapp 23 Meter möglich. Nach diesem Punkt kann die Reibung im Rohr zunehmen und die Fließgeschwindigkeit so sehr verringern, dass es zu Blockaden und Rückstaus kommen kann.

Ein weiterer Umstand, dem Sie Beachtung schenken müssen, ist die Frosttiefe in Ihrer Gegend im Winter. Sie müssen die Leitung unterhalb der maximalen Frosttiefe verlegen. Ihr Geotechniker sollte wissen, wie tief Sie graben müssen, wenn Sie die Leitung verlegen. Das letzte, was Sie brauchen, ist eine zuggefrorene Abwasserleitung im Winter.

Versuchen Sie, alle Zuleitungen in eine Abwasserleitung zu führen. Es ist leichter, wenn die Küche und die Badezimmer so nah wie möglich an der zentralen Abwasserleitung liegen. Damit erzielen Sie die höchste Effizienz. Wenn Sie aber extravagant bei Ihrem Bau sind, müssen Sie vielleicht zwei Abwasseranschlüsse an gegenüberliegenden Seiten Ihrer Konstruktion vorsehen.

Installation der Wasserleitung

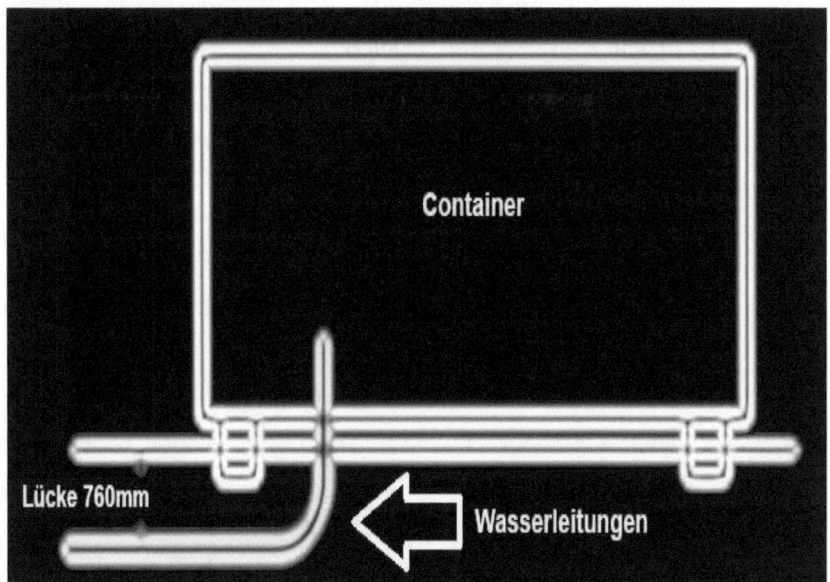

Der größte Unterschied zwischen der Wasserleitung und der Abwasserleitung ist der Antrieb. Schwerkraft gegen Druck. Da die Hauptwasserleitung mit Druck arbeitet, spielt es keine Rolle, ob Sie die Leitung aufwärts zu ihrem Zielpunkt verlegen.

Wenn Sie eine Wasserleitung zu Ihrem Haus verlegen, ist der erste Schritt, einen Graben auszuheben. Wenn Sie es clever angehen, kann dieser Graben sowohl die Wasser- als auch die Abwasserleitung beherbergen. Es gibt empfohlene Innendurchmesser für Wasser- und Abwasserleitungen.

Hier sind einige Hinweise, die Sie im Gedächtnis behalten sollten.

- Graben Sie mindestens einen Meter tief, um Ihre Wasserleitung zu verlegen. Damit stellen Sie sicher, dass Sie fast überall unter der Frostgrenze sind. Kontaktieren Sie Ihre örtlichen Behörden wegen der genauen Anforderungen und um sicherzustellen, dass Sie die Bauvorschriften einhalten.

- Verlegen Sie die Wasserleitung in einem Abstand von mindestens 35 cm zu anderen Versorgungsleitungen wie Elektrizität, Abwasser und Telefon.
- Eine Möglichkeit, um Zeit zu sparen, ist, einen Graben für alle vier zu graben und ihn mit Sand aufzufüllen. Das erleichtert es Ihnen, bei Bedarf an die Leitungen zu kommen und sie sind dennoch vor Schäden geschützt.
- Machen Sie den Graben für eine einzelne Leitung mindesten 30 cm breit. Wenn Sie mehr Leitungen hineinlegen wollen, erweitern Sie den Graben.
- Nutzen Sie den gleichen Graben für Wasser- und Abwasserleitungen, wenn nicht sogar für alle vier.
- Ignorieren Sie den Anstieg der Wasserleitung, sie funktioniert mit Druck.

Telefonleitungen

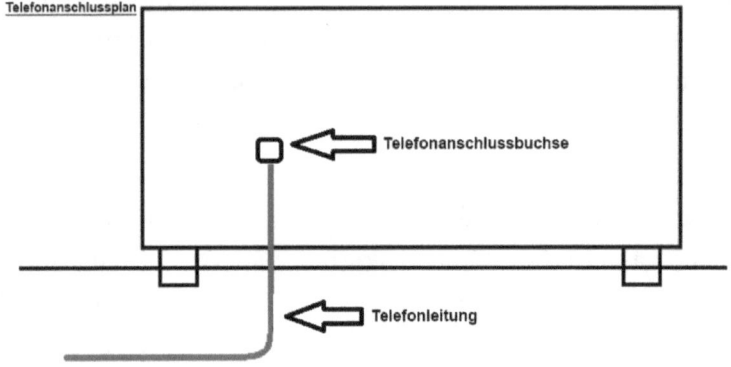

Genau wie die Abwasser- und Wasserleitungen nebeneinander verlegt werden können, können auch die elektrischen Leitungen und die Telefonleitung gemeinsam geführt werden. Sie können die Telefonleitung direkt in den Container führen, nach dem Sie ein Loch gebohrt haben. Das gilt auch für die elektrische Leitung. Sie können beide gemeinsam führen, entweder durch den Boden oder am Dach. Hauptsache, das Kabel erreicht die Telefonsteckdose. Wenn Sie sich für eine unterirdische Möglichkeit entscheiden, müssen bei Streifenfundamenten und Fundamentplatten die Leitungen vor dem Betongießen bereits gelegt sein. Verlegen Sie ein Stück PVC durch den Beton, dann können Sie die Leitungen auch später durchziehen. Eine Telefonleitung kann leicht durch ein PVC-Rohr mit einem Innendurchmesser von 22 mm geführt werden. Am wichtigsten ist es, sicher zu stellen, dass Sie die Leitung von außen nach innen führen können. Versiegeln Sie im Anschluss alle verbleibenden Löcher oder zu weite Öffnungen um Ihre Versorgungsleitungen herum mit Dichtmasse.

Checkliste für Außenanschlüssen

- Planen Sie die Versorgungsanschlüsse gleich beim ersten Entwurf mit.

- Platzieren Sie den Schaltkasten an einem Ort, der von innen leicht zugänglich ist und der guten Zugang zu den Abnahmeorten innerhalb des Containers bietet.

- Planen Sie, wenn möglich, die Abwasserleitungen für Küche und Bad so, dass sie nah beieinanderliegen und eine gemeinsame Leitung nutzen.

- Platzieren Sie die Telefonleitung neben der elektrischen Leitung.

- Platzieren Sie Wasser- und Abwasserleitung nebeneinander.

- Stellen Sie sicher, dass die Wasserleitung mindestens 35 cm von der elektrischen Leitung entfernt ist.

- Verlegen Sie die horizontalen Teile der Leitungen unter der Frostgrenze.

- Wenn Sie die Abwasserleitung verlegen, achten Sie darauf, dass Sie ein Gefälle von 0,64 cm (0,32 cm absolutes Minimum) auf 30 cm haben.

Kapitel 8 – Umbau Ihres Containers

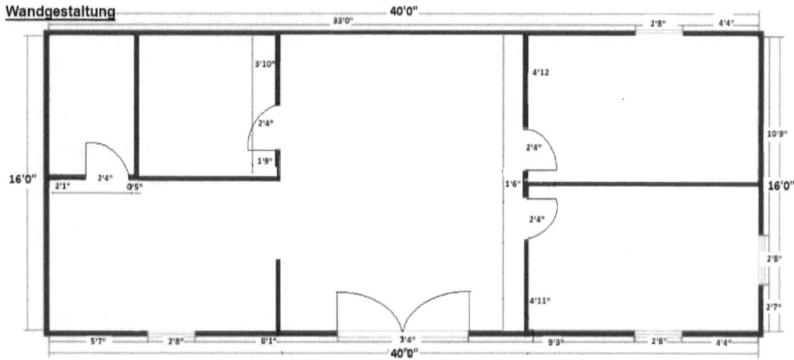

Beim Umbau des Containers beginnt der Spaß. Dazu benötigen Sie jetzt den Schweißbrenner oder die Trennscheibe, um die Öffnungen für Ihre Türen, Fenster und angrenzende Wände auszuschneiden. Sie sollten mit einem Ingenieur besprechen, welche Verstärkungen nötig sind. So erfahren Sie auch, welche Wände sie herausnehmen können. Das obenstehende Beispiel ist ein einfacher Plan zweier 12 Meter-Container. Die Wand im Mittelteil des Hauses wurde herausgenommen, um einen großen Wohnraum zu schaffen. Sie sehen auch, wo Sie Türen und Fenster herausschneiden müssen. Der Vorteil an der Verbindung zweier

Container ist, dass - wenn man es richtig macht - man kaum feststellen kann, wo der eine Container beginnt und der anderen aufhört.

Angrenzende Container öffnen

Die meisten Menschen denken an Metall als etwas, das man einfach akzeptieren muss, wie es ist. Eine Gabel ist eine Gabel, egal wie man sie sieht. Wenn man jedoch mit Metall zu arbeiten beginnt, wandelt sich diese Perspektiver ein wenig. Wenn Sie Ihre Türen und Fenster ausschneiden und Ihre Container öffnen, beginnen Sie, die Vorteile zu erkennen, mit einem Material zu arbeiten, das mit einem geraden Schnitt entfernt werden kann, wo immer Sie auch möchten. Es kann durch Schweißen in jede Form gebracht werden, die Sie möchten.

Der erste Schritt beim Umbau Ihres Containers ist die Entfernung der Wände benachbarter Container, wo nötig. Dadurch verbinden Sie zwei einzelne Container zu einen größeren, verbundenen Raum. Wenn Sie nur einen Container haben, entfällt dieser Schritt. Jetzt müssen Sie sich überlegen, wie Sie mit den bestehenden Türen umgehen wollen. Vielleicht wollen Sie sie in Ihren Entwurf integrieren oder sie komplett zuschweißen. Für Entwürfe mit mehreren Containern, müssen Sie die Wände ausmessen und markieren, die entfernt werden müssen, und sich dann mit einem Trennschneider oder einem Schweißbrenner an die Arbeit machen.

Wenn die Container schon anderswo umgebaut worden sind, besteht die kniffligste Aufgabe darin, sie so nebeneinander zu bugsieren, wie Sie sie brauchen. Wenn Sie sie vor Ort umbauen, haben Sie ein bisschen mehr Spielraum. Trotzdem müssen die Container passgenau nebeneinander platziert werden. Vergessen Sie nicht, wenn möglich die nebeneinanderliegenden Flächen mit Schaum zu dämmen. Sie sollten die Container mit Schrauben, Klammern oder durch Schweißen miteinander verbinden, bevor Sie die benachbarten Wände durchtrennen. Nachdem die Wände durchtrennt sind, müssen Sie Stahlplatten in die Öffnungen zwischen den Containern schweißen, wenn Sie ganz sicher sein wollen. Im Notfall tut es auch eine Kombination aus Sprühschaum und Vinyl. Aber wenn Sie schon so viel Energie auf den Umbau verwenden, sollten Sie dieses Detail nicht überspringen. Sprühen sie also den Schaum auf, schweißen Sie die Platte und glätten Sie die Verbindungsstücke zwischen den Containern. Kurz gesagt, tun Sie alles, um die Lebensdauer Ihrer Container zu verlängern.

Wenn Ihre Container anderswo umgebaut worden sind, müssen Sie nur sicherstellen, dass die ausgeschnittenen Wände passgenau aneinander stehen. Wenn Sie den Umbau vor Ort vornehmen, müssen Sie deswegen nicht so sehr in Sorge sein. Durchtrennen Sie die Wände, wo immer sie aneinanderstoßen. Werfen Sie einen Blick auf Ihren Plan, um sicher zu sein, welche Wände Sie entfernen müssen. Wenn Sie die Container nicht vor Ort umbauen, benötigen Sie präzise Pläne und müssen die Container vor der

Aufstellung markieren, um bei größeren und komplexeren Entwürfen sicherzustellen, dass jeder Container an seine vorgesehene Stelle kommt.

Obwohl das oben schon angesprochen wurde, müssen wir noch einmal auf die Verbindung der Böden, der Dächer und der Wände von aneinander angrenzenden Container zurückkommen. Wenn die Container vor dem Umbau passgenau aufgestellt oder die Wände zwischen angrenzenden Containern entfernt worden sind, müssen Dach und Boden sicher miteinander verbunden werden. Die empfohlene Methode dafür ist das Schweißen. Ein 5 x 0,3 cm Stabstahl kann für die Verbindung der Container verwendet werden, um sie durch Heftschweißen sicher miteinander zu verbinden.

Bevor Sie innere Wände herausschneiden, um Durchgänge oder andere offene Räume zu schaffen, messen Sie lieber zweimal. Markieren Sie den Bereich, der ausgeschnitten werden soll und überprüfen Sie die Maße. Dann folgen Sie den Markierungen mit einer Trennscheibe, einen Schweißbrenner, einem Winkelschneider oder einem anderen Schneidwerkzeug. Sehen Sie sich dabei vor, denn die ausgeschnittenen Stahlplatten des Containers sind schwer und die Stahlkanten sind nach dem Schneiden scharfkantig.

Die Innenwände zwischen zwei Containern aussschneiden

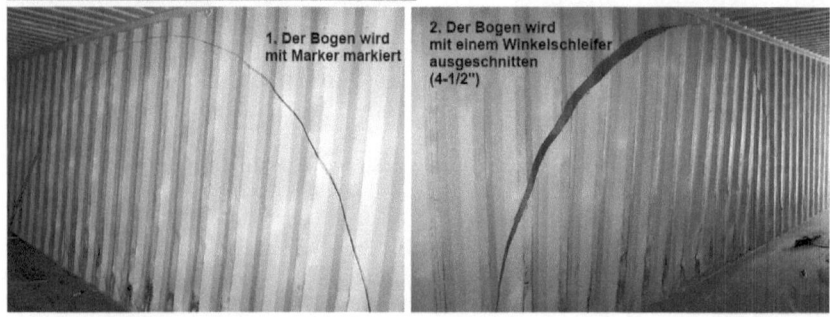

Denken Sie daran, dass Sie nach dem Herausschneiden der Wände, den Boden schweißen müssen, um die Container zu einer nahtlosen Einheit zu verbinden. Sie sollten auch die inneren Säume zusammenschweißen. Das verstärkt die Stabilität ihres Heims und reduziert die Gefahr von Lecks und Schädlingen.

Ein weiteres wichtiges Detail ist die Verstärkung der Konstruktion. Wenn Sie große Partien von Verbindungswänden entfernen, ist es nötig, Stahlrahmen über die Länge des Containers zu befestigen, damit das Gewicht von Decke und Dach abgefangen wird. Auch sie sollten durch Heftschweißen am Inneren des Daches des Containers befestigt werden. Fragen Sie einen Statiker, ob Ihr Gerüst alles tragen kann, was es soll.

Rahmenausbau und Einpassung der Türen und Fenster

Nachdem Sie die angrenzenden Wände Ihrer Container ausgeschnitten haben, ist es Zeit, die Öffnungen für Türen und Fenster auszuschneiden und sie zu rahmen und einzupassen. Mittlerweile sollte Ihr Container schon mehr nach einem Heim aussehen. Die Öffnungen für Fenster und Türen sind der letzte Schritt, um Ihrem Containerhaus seine Form zu geben. Am einfachsten ist es, sich Pappvorlagen für alle Öffnungen zu schneiden. Zeichnen Sie die Schnitte mit einem nicht löslichen Stift an, dann schneiden Sie sie aus. Schneidbrenner, einige Trennschneider – wenn Sie das nötige Gerät haben, können Sie bei diesem Schritt viel Spaß haben. Seien Sie nach dem Schneiden vorsichtig mit den Kanten, sie können sehr scharfkantig sein. Und vergessen Sie nicht, beim Ausschneiden eine Maske zu tragen.

Ihre Fenster- und Türrahmen können Sie sowohl vor oder nach dem Ausschneiden der Öffnungen anfertigen. Denken Sie daran, dass Sie eine Wasserwaage benutzen. Leichte Abweichungen im Winkel können sich auf die Stabilität auswirken, insbesondere bei den Türen. Passen Sie die Rahmen ein und schweißen Sie die Konstruktion an den Rahmen des Containers. Wenn nach dem Schweißen noch Lücken vorhanden sind, können Sie sie mit Dichtmasse schließen, um die äußere Hülle wasserdicht zu versiegeln. Sie sollten jetzt die offenen Räume zwischen Ihren Containern, die Schweißnähte zwischen den Containern, die Öffnungen für Türen und Fenster und deren Rahmen, die einen Blickfang bilden, fertiggestellt haben.

Tür- und Fensterrahmen herstellen

Fensterrahmen aus Stahl

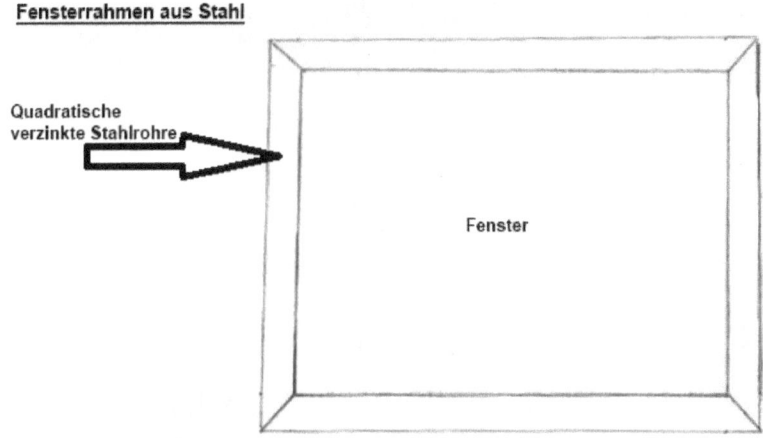

Dabei handelt es sich um einfache Mathematik. Bevor Sie sie einpassen und anschweißen können, müssen Sie sie bauen, oder Sie nutzen vorgefertigte Rahmen. Beide Optionen sind möglich. Wenn Sie sie jedoch selbst herstellen, messen Sie unbedingt die Türen und Fenster aus. Wenn Sie die Maße genommen haben, schneiden Sie nach den Maßen entsprechend Stücke aus einem quadratischen 50 x 50 mm verzinktem Stahlrohr mit 2 mmm Dicke zu. Schneiden Sie die Enden mit 45° Winkeln, so dass sie für den Rahmen zusammengeschweißt werden können.

Um sicher zu stellen, dass die Maße korrekt sind, legen Sie den Rahmen auf das Fenster oder die Tür, um sich zu vergewissern, dass er passt. Wenn die Passung stimmt, nehmen Sie Tür oder Fenster weg und schweißen Sie den Rahmen zusammen.

Wenn Sie damit fertig sind, können Sie Ihr Werk mit einer Schleifmaschine und einer Fächerschleifscheibe glätten. Sprühen Sie den Rahmen anschließend von beiden Seiten mit Zinkfarbe ein. Das dient dazu, Korrosion zu verhindert.

Die Öffnungen schneiden

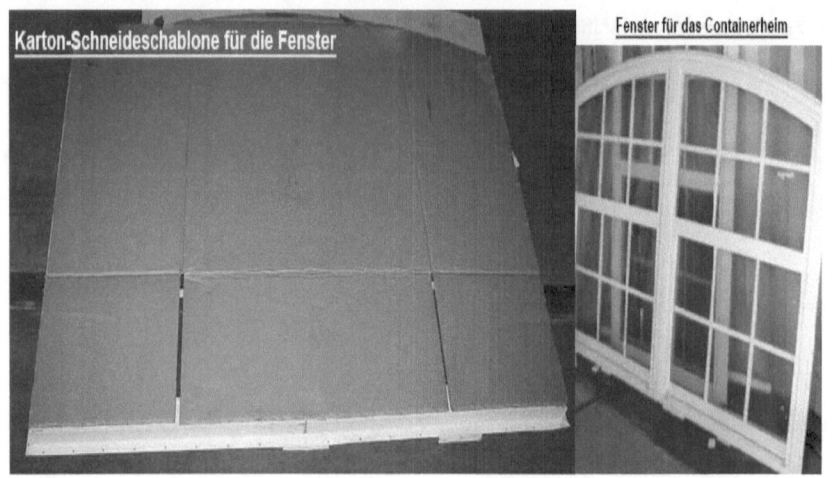

Wenn Sie die Öffnungen für Türen und Fenster schneiden, folgen Sie dem Beispiel des Heraustrennens der Innenwände. Messen Sie zunächst die Größe der gewünschten Öffnung und zeichnen Sie sie an den Containerwänden an. Schneiden Sie dann den Stahl vorsichtig mit einem Seitenschneider, einem Plasmaschneidegerät oder einem Schneidbrenner und lassen Sie die ausgeschnittene Öffnung nach draußen fallen.

In Bezug auf die Maße ist die einfachste Methode, eine zugeschnittene Pappvorlage zu verwenden. Legen Sie eine Pappe auf Ihre Fenster und schneiden Sie sie auf dessen Größe. Denken Sie daran, auch den Rahmen bei Ihrer Vorlage zu berücksichtigen, da die Öffnung groß genug sein muss, um auch ihn aufzunehmen. Verwenden Sie die zugeschnittene Pappe jetzt als Vorlage, um die Maße auf die Außenwand Ihres Containers zu übertragen. Nachdem Sie die Wand deutlich markiert haben, schneiden Sie mit einem Seitenschneider, einem Plasmaschneidegerät oder einem Schneidbrenner durch die Außenwand.

Die Pappschablonen wurden auf der Außenseite des Containers angebracht. Sie wurden nachgezeichnet und die Löcher wurden mit einem 4-1/2" -Winkelschleifer ausgeschnitten

Ein Plasmaschneidegerät hinterlässt die saubersten Schnitte und sollte bevorzugt werden, wenn Sie den ausgeschnittenen Stahl noch einmal benutzen wollen. Vielleicht haben Sie aber keinen Zugang zu einem solchen Gerät oder es mangelt Ihnen an Erfahrung im Umgang damit. Dann ist ein Winkelschneider die preiswerteste Lösung für den Heimwerker. Denken Sie daran, dass es mit einem Winkelschneider schwierig ist, gerade und präzise Schnitte zu setzen. Das braucht ein bisschen Geduld, aber wenn Sie es langsam angehen, werden Sie in der Lage sein, die Ausschnitte zu machen, die Sie brauchen. Wenn Sie damit fertig sind, sollten Sie die ausgeschnittenen Kanten mit einer Schleifscheibe glätten. Wenn das geschehen ist, können Sie den nächsten Schritt angehen und die Fensterrahmen an Ihren Container schweißen.

Türen und Fenster einhängen

Die Öffnungen für Türen und Fenster sind bereit. Als nächstes müssen Sie sie zusammensetzen. Setzen Sie die Rahmen in die Öffnungen und achten Sie darauf, dass sie richtig im Ausschnitt sitzen und befestigen Sie sie dann durch Schweißen oder selbstschneidende Schrauben. Schrauben sind die schnellere Lösung und wahrscheinlich für diejenigen besser, die keine Erfahrung mit dem Schweißen haben. Schweißen ist jedoch stabiler und hält länger, ohne dass etwas repariert werden muss. Wenn Sie schweißen, verbinden Sie den Rahmen mit dem Container durch Rollennahtschweißen.

Hier wird eine vorgefertigte Stahlfensterdichtung in die für das Fenster vorgesehene Öffnung eingesetzt

Geschweißte Bereiche, Schraubenlöcher und anderes exponiertes Material rosten leicht. Um das zu verhindern, bedecken Sie die entsprechenden Stellen mit Zinkfarbe. Achten Sie besonders auf die Ecken des Rahmens, denn sie sind die empfindlichsten Stellen. Verwenden Sie Elastomerversiegelung, um etwaige Lücken zwischen den Rahmen und dem Container abzudichten. Dichtkitt ist ideal für diesen Zweck, aber Zement funktioniert auch. Wenn Sie alles abgedichtet haben, müssen Sie das Dichtmaterial, den Rahmen und die angrenzende Fläche des Containers mit Latexfarbe überstreichen, um Lecks und Rost zu verhindern.

Jetzt ist der Umbauprozess im Wesentlichen beendet. Wenn Sie schon ein Dach aufgesetzt haben, können Sie sich jetzt den Böden und dem Rahmenausbau widmen. Wenn nicht, sollten Sie Regenabweiser über allen Öffnungen installieren. Am einfachsten schweißen Sie ein 50 mm x 0,3 mm großes Stahlblech ein paar Zentimeter über der Öffnung an. Das hält das Wasser ab und schützt das Fenster vor Rost und Lecks.

Checkliste - Türen, Fenster und Entfernung von Innenwänden

- Messen Sie die aneinander liegende Wände aus, markieren Sie sie und schneiden Sie sie dann aus, um größere Innenräume zu schaffen.

- Bauen Sie die Rahmen für Türen und Fenster.

- Messen Sie die Öffnungen für Türen und Fenster aus und schneiden Sie sie heraus.

- Schweißen Sie Tür- und Fensterrahmen an.

- Hängen Sie Fenster und Türen ein und befestigen Sie sie.

- Glätten Sie die Schweißnähte, versiegeln Sie sie und streichen Sie mit Latexfarbe über exponierte Stellen.

Kapitel 9 – Einbau des Bodens

Der Einbau des Bodens ist eine spannende Zeit. Sie beginnen jetzt zu sehen, wie Ihr Heim langsam Gestalt annimmt. Und auch hier haben Sie wieder einige Optionen. Aber was auch immer Sie wählen, es gibt hierbei immer zwei Schritte: Sie kümmern sich zunächst um den Originalboden und legen dann den fertigen Boden.

Wenn Ihr Container ankommt, hat er einen Boden aus Bootsbausperrholz. Sie könnten versucht sein, mit dem bestehenden Boden vorliebzunehmen, aber Sie sollten an ein paar Dinge denken. Der Boden ist mit Pestiziden und anderen gefährlichen Chemikalien behandelt. Diese Chemikalien dringen in den Innenraum Ihres Heims und verursachen Gesundheitsgefährdungen. Der Boden sollte also entweder entfernt und ersetzt oder versiegelt werden, bevor Sie weitermachen. Wenn Sie mit einem ganz neuen Container arbeiten, haben Sie eine weitere Option. Sie können den Container ohne eingebauten Boden bestellen. Das spart einen Schritt beim Einbau des Bodens, aber denken Sie daran, dass neue Container erheblich teurer sind und auch weniger ökologisch als gebrauchte. Die letzte Möglichkeit ist, einen vorgefertigten Container zu kaufen. In diesem Fall müssen

Sie sich um den Boden keine Gedanken machen, denn das wird für Sie erledigt.

Was Sie noch erwägen sollten, ist, ob Sie den Boden ersetzen und einen Unterboden einsetzen und den endgültigen Boden einziehen wollen, nachdem Sie den Innenraum fertiggestellt haben. Sie müssen den Bauplan zeitlich an dem Boden, den Sie wählen, orientieren. Die Optionen sind, einen neuen Boden einzuziehen, eine luftundurchlässige Unterlage zu nutzen oder einen Betonboden zu gießen.

Werfen wir einen näheren Blick auf den Einbau und Ihre Möglichkeiten.

Den existierenden Boden entfernen und ersetzen

Was Sie im Auge behalten müssen, wenn Sie Ihren Container besorgen, ist die Beschaffenheit des bestehenden Bodens. Wenn Sie ihn selbst in Augenschein nehmen können, können Sie ihn auf mögliche Löcher, Dellen, Risse oder sonstige Schäden untersuchen. Wenn Sie ihn aus einiger Entfernung bestellen, müssen Sie sich auf die Inspektion des Händlers verlassen, aber es ist hilfreich zu wissen, was Sie fragen müssen. Händler vergessen eher ein Detail, als dass sie direkt lügen. Wenn der bestehende Boden beschädigt ist, haben Sie möglicherweise gar keine andere Wahl als ihn zu entfernen und zu ersetzen. Wenn Sie das ohnehin tun wollen, denken Sie daran, die Kosten für das Sperrholz einzukalkulieren.

Den Boden zu entfernen ist nicht schwierig, aber es nimmt etwas Zeit in Anspruch und ist körperlich anstrengend. Und wenn Sie mit zwei Containern arbeiten, müssen Sie mit deutlich höherem Aufwand für diesen Schritt rechnen. Nachdem Sie den Boden entfernt haben, sollten Sie neues Sperrholz zuschneiden, legen und mit selbstschneidenden Schrauben verschrauben. Denken Sie daran, dass es am besten ist, den Boden einzuziehen, bevor Sie mit dem Rahmenausbau des Inneren beginnen.

Einen Unterboden installieren

Eine andere Möglichkeit, wenn der existierende Boden nicht beschädigt ist und Sie ihn nicht entfernen wollen, ist, einen Unterboden einzuziehen. Der Zweck dieses Schrittes ist zu gewährleisten, dass die giftigen Chemikalien des ursprünglichen Bodens nicht in die Wohnräume dringen. Wenn Sie also einen Unterboden legen, ist der erste Schritt, den existierenden Boden zu versiegeln.

Dazu müssen Sie ihn zunächst gründlich mit Isopropylalkohol reinigen. Wenn er sauber ist, überziehen Sie ihn mit einem dünnflüssigen Epoxid. Dünnflüssiges Epoxid funktioniert gut in feuchten Umgebungen und wenn Sie es mit hoher Feuchtigkeit zu tun haben. Um herauszufinden, wie viel Sie benötigen, bedenken Sie, dass dünnflüssiges Expoxid in Kanistern von 5,6 Litern (1,5 Gallonen) verkauft wird. Jeder Kanister reicht für etwa 14 bis 16 Quadratmeter. Ein Anstrich sollte also in den meisten Fällen ausreichen, aber wenn Sie besonders sicher sein wollen, können Sie auch zwei machen. Das Epoxid schafft eine dampfgeschützte Barriere, die gefährliche Chemikalien sicher im Boden hält. Nach acht Stunden ist das Epoxid hart genug, um schweren Belastungen standzuhalten. Ein Tipp für die, die dies zum ersten Mal machen: Beginnen Sie in den Ecken des Raumes und arbeiten Sie bis zur Tür zurück.

Nachdem der Originalboden mit Epoxid versiegelt wurde, ist der nächste Schritt, eine Schicht Sperrholz zu legen. Zwei Zentimeter starkes Bootsbausperrholz ist dafür ausreichend. Sie machen es sich leichter, wenn Sie Sperrholz mit Nut und Feder kaufen, die Sie beim Verlegen ineinanderstecken können. Wenn Sie eine Platte gelegt haben, bohren Sie ein Loch hinein und schrauben sie mit 5 cm langen, beschichteten Schrauben am Originalboden fest. Bevor

Sie Ihren Unterboden legen, können Sie zur Dämmung eine 1,5 cm dicke Schicht Bauschaum auf den Originalboden sprühen. Die Dämmung wird damit besser, auch wenn es Sie etwas an Höhe kostet.

Das Problem der Höhe ist der einzige Nachteil eines Unterbodens. Sie verlieren etwa 2,5 Zentimeter Höhe. Da der Innenraum das wichtigste ist, zählt hier jeder Zentimeter. Dazu kommt, dass es genauso teuer ist, einen Unterboden zu installieren, wie den Originalboden herauszureißen und ihn komplett zu ersetzen. Sie sparen zwar Zeit, aber kaum Geld.

Luftundurchlässige Unterlage

Wenn Sie nach der absolut preiswertesten und leichtesten Option suchen, können Sie eine luftundurchlässige Unterlage wählen, bevor Sie den Boden fertigstellen. Das ist ein einfacher Vorgang und er dauert nur wenige Stunden für einen einzigen 12 Meter-Container. Ein weiterer Vorteil ist, dass der Großteil der Arbeit getan werden kann, nachdem der Rahmenausbau für den

Innenraum erledigt ist, direkt vor dem Einbau des endgültigen Bodens.

Um eine Unterlage einzubauen, beginnen Sie genau wie für den Einbau eines Unterbodens. Säubern Sie den Originalboden gründlich mit Isopropylalkohol und versiegeln Sie ihn mit einer oder zwei Schichten Epoxid. Messen Sie den Raum genau aus. Schneiden Sie die Unterlage auf diese Maße zu, dann richten Sie die Unterlage wie benötigt aus und nageln sie fest. Das können Sie tun, während Sie schon den fertigen Boden einbauen. Dadurch wird die Unterlage vor Beschädigungen geschützt und in einem Arbeitsgang fest an ihrem Platz verankert.

Boden aus Beton

Beton ist die letzte Möglichkeit, sich um den Originalboden zu kümmern. Wenn Sie sich dafür entscheiden, müssen Sie den Boden nicht versiegeln oder eine Unterlage oder einen Unterboden legen. Sie können den Beton direkt auf den Originalboden gießen und er wird den Boden versiegeln. Außerdem können Sie Beton als ihren endgültigen Boden verwenden und sich damit ein paar Schritte beim Umbau sparen.

Beton ist in verschiedener Hinsicht toll. Er ist leicht sauber zu halten, dauerhaft stabil und kann auf verschiedene Arten zurechtgemacht werden. Der Boden kann gefärbt werden, um ein bisschen Farbe ins Spiel zu bringen, für ein glänzendes Finish poliert oder mit Mustern oder Texturen versehen werden. Gleichzeitig gibt es aber ein paar Nachteile. Beton absorbiert im Winter die Kälte, so dass man leicht kalte Füße bekommt und die Heizkosten steigen. Außerdem müssen Sie eine Stahlverstärkung einbringen, um die Biegefestigkeit zu gewährleisten.

Der einfachste Weg, den Stahl in ihren Beton zu bekommen, besteht darin, 2 mm starke Stahlstäbe über die gesamte Fläche ihres Bodens zu einem Gitter zusammenzuschweißen. Sie sollten etwa 2.5 cm über dem Sperrholz liegen, in einem Abstand von etwa 30

Zentimetern. Nach dem Schweißen, ist es Zeit, den Beton zu gießen. Arbeiten Sie sich von den Ecken zur Tür vor. Der Boden sollte in fertigem Zustand etwa 10 Zentimeter dick sein. Es ist hilfreich, die endgültige Höhe zu markieren, bevor Sie den Beton gießen.

Den Boden fertigstellen

Für die oben beschriebenen Optionen müssen Sie sicherstellen, dass diese erledigt sind, bevor Sie mit dem Innenausbau beginnen. Wenn Sie sich für Beton entschieden haben, können Sie ihn schon als fertigen Boden verwenden. Die übrigen Optionen benötigen ein Finish, das gut aussieht, die Eigenschaften aufweist, die Sie sich vorstellen und zu Ihrem Design passt.

Welche Möglichkeiten bieten sich Ihnen hier? Abgesehen vom Beton, können Sie Ihren Boden fliesen, einen Teppich oder Laminat legen. Sie können auch einen Hartholzboden einziehen, wenn Ihnen das gefällt und Sie sich die Arbeit machen wollen. Das Wichtigste, das Sie bei der Wahl Ihres Bodens berücksichtigen müssen, ist die Temperatur. Wenn Sie in einem warmen Klima leben, benötigen Sie etwas, das dazu beiträgt, Ihr Heim abzukühlen. Beton, Fliesen und Laminat sind geeignete Materialien. Sie alle halten die kühle Temperatur und tragen dazu bei, Ihren Wohnraum angenehm zu machen, wenn draußen die Temperaturen in die Höhe schießen. Für kältere Klimata und eisige Winter sind Teppiche geeignet. Sie sind aufwendiger zu reinigen, fühlen sich aber unter den Füßen wesentlich besser an, wenn draußen eiskalter Winter herrscht. Sie speichern auch die Wärme in Ihren Räumen und reduzieren die Heizkosten.

Für welche Lösung Sie sich auch entscheiden, Sie müssen damit beginnen, den Boden auszumessen. So stellen Sie fest, welche Menge an Material sie kaufen müssen. Berechnen Sie die gesamte Fläche des Bodens. Wenn Sie diesen Schritt nach dem Rahmenausbau und der Fertigstellung des Innenraumes machen, notieren Sie die unebenen Ecken und die Maße jedes Raums, und beachten Sie sie, wenn Sie Teppiche oder Vinyl kaufen und zuschneiden.

Werfen wir einen genaueren Blick darauf, wie wir Teppiche, Fliesen und Laminat verlegen.

Teppichboden verlegen

Wenn Sie an einem Ort leben, an dem es im Winter kalt wird, und Sie gern barfuß in Ihrem Heim herumlaufen oder Sie einfach den Anblick mögen, dann ist ein Teppichboden die richtige Wahl. Obwohl er etwas aufwendiger zu säubern ist, lässt er sich leicht legen.

Wenn Sie Teppichboden verlegen, müssen Sie zunächst den Raum mit Teppichgreifern vorbereiten. Das sind dünne Holzstreifen, mit scharfen Spitzen auf einer Seite. Sie sollen die Kanten des Teppichs festhalten. Legen Sie am Rand des Raums Teppichgreifer und befestigen Sie sie mit dem entsprechenden Klebeband auf dem Boden. Tun Sie das in allen Räumen, in denen Sie Teppichboden verlegen wollen. Lassen Sie etwa 10 mm Raum zwischen den Teppichgreifern und der Wand.

Wenn Sie schon einmal Teppich verlegt haben, wissen Sie, dass der nächste Schritt ist, eine Unterlage zu verlegen. Das verleiht dem Teppich eine gewisse Polsterung und man geht bequemer. Die Teppichunterlage besteht aus einer Gummiseite und einer Schaumseite. Legen Sie die Unterlage mit der Gummiseite nach unten an einer Seite des Raums auf die Teppichgreifer. Rollen Sie sie ab, bis Sie die gegenüberliegende Wand erreicht, und schneiden Sie dann den Überschuss der Unterlage mit einem Teppichmesser ab. Drücken Sie die Unterlage gegen den Teppichgreifer. Machen Sie weiter, bis der gesamte Raum mit der Unterlage bedeckt ist. Die Kanten zwischen den einzelnen Streifen der Unterlage sollten mit Teppichklebeband versiegelt werden.

Nachdem die Unterlage an ihrem Platz ist, besteht der nächste Schritt darin, den Teppichboden zu legen. Schneiden Sie den Teppichboden auf die verschiedenen Maße der Räume. Am besten schneiden Sie den Teppich von der Rückseite her. Wenn Sie mit einem schief geschnittenen Raum arbeiten, denken Sie daran, ihre Maße umzukehren, so dass der Teppich an seinen Platz passt.

Also lieber zweimal messen und nur einmal schneiden. Nach dem Zuschnitt bringen Sie ihn in den Raum und legen sie ihn lose aus. Beginnen Sie an einer Ecke und stellen Sie sicher, dass der Teppichboden sicher mit dem Teppichgreifer verbunden ist. Lassen Sie etwa 50 mm Raum, da sich der Teppich ausdehnen wird, wenn Sie ihn zurechtziehen. Nachdem Sie eine Ecke befestigt haben, richten Sie den Teppich entlang der Wand bis in die nächste Ecke aus, wobei Sie ihn durch Ziehen so ausrichten, dass er überall auf den Teppichgreifern befestigt ist. Schneiden Sie alles überschüssige Material mit einem Teppichmesser weg, so dass der Teppichboden perfekt in den Raum passt. Denken Sie daran, dass Sie an der türfernen Wand beginnen, so dass Sie an der Schwelle alles überschüssige Material leicht entfernen können.

Fliesen legen

Fliesen sind eine großartige Wahl. Sie sind leicht sauber zu halten und Sie können sie in wunderschönen Mustern verlegen. Außerdem halten Sie das Haus bei wärmerem Klima kühl. Da der Container rechteckig ist, ist es relativ einfach, Fliesen mit einem Minimum an zusätzlichen Schnitten zulegen. Sie können Fliesen vor oder nach dem Rahmenausbau des Innern legen oder zumindest vor dem der äußeren Wände. Wenn Sie die Fliesen legen, bevor sie die äußeren Wände verkleidet haben, müssen sie die Fliesen so zuschneiden, dass sie in die gefalzten Wände des Containers passen. Wenn die äußeren Wände bereits mit einem Rahmen versehen sind, können Sie die Fliesen wie bei einem traditionellen Haus zuschneiden. Das verringert den Aufwand für das Fliesen erheblich.

Fliesenlegen ist eine Kunst für sich. Es gibt mehrere Arten, sich an diese Arbeit zu machen. Da Sie mit einem rechteckigen Container mit hoher Toleranz arbeiten, sollte es kein Problem sein, die Fliesen Reihe für Reihe zu legen, indem Sie an einer Wand beginnen und sich zur gegenüberliegenden vorarbeiten. Eine andere Möglichkeit ist, in der Mitte des Raumes zu beginnen. Legen Sie Ihre erste Fliese und zeichnen Sie dann mit Kreidestrichen die genaue Ausrichtung, während Sie sich von der Mitte nach außen bewegen. Dies ist eine gute Herangehensweise, wenn Sie die Fliesen diagonal verlegen wollen oder ein bestimmtes Muster im Sinn haben. Der einzige Nachteil dieser Herangehensweise ist, dass Sie alle Fliesen, die an die Wand angrenzen, zuschneiden müssen, statt nur die an einer oder zwei Seiten. Wenn Sie ein Muster legen wollen, ist es hilfreich, ein paar Trockendurchgänge zu machen, um sicher zu sein, dass es Ihnen auch gefällt.

Wenn Sie mit Mustern oder sich abwechselnden Farben arbeiten, könnte es sich als hilfreich erweisen, die Fliesen in der Reihenfolge ihrer Verlegung bereit zu legen. Das hilft Ihnen, die richtige Fliese beim Verlegen zu erwischen. Da Fliesenkleber sehr schnell trocknet, sollte man am besten nicht lange nach der richtigen Fliese suchen. Wenn Sie sich ausreichend Zeit zur Vorbereitung genommen haben, kann das ganz leicht sein. Es ist jedoch ein Punkt, an dem ein Fehler nur mit viel Aufwand korrigiert werden kann. Wenn Sie zum ersten Mal Fliesen legen, sollten Sie mit einem einfachen Arrangement beginnen.

Nachdem Sie die Positionierung der Fliesen geklärt und Sie ggf. in Stapeln angeordnet haben, ist es an der Zeit, sie zu verlegen. Dabei haben Sie verschiedene Möglichkeiten. Dünnmörtel oder Fliesenkleber? Dünnmörtel trocknet in etwa 24 Stunden und sie sollten die Fliesen nicht betreten, während er sich setzt.

Fliesenkleber trocknet bedeutend schneller. Die Zeit variiert von Marke zu Marke. Sehen Sie auf der Packung nach den empfohlenen Trockenzeiten. Mit Fliesenkleber lässt sich leichter arbeiten, aber es ist nicht besonders widerstandsfähig gegen Wasser. Wenn Sie feuchte Bedingungen haben, wird der Fliesenkleber vermodern und seine Klebefähigkeit verlieren. Er leidet auch durch hohe Belastung. Dünnmörtel braucht länger zum Trocknen, ist aber sehr gut geeignet, um Unebenheiten auszugleichen. Er ist auch haltbarer und widerstandsfähiger gegen Wasser. Fliesenkleber ist gut geeignet für Vinyl oder Linoleum, während Dünnmörtel besser für Porzellan- und Keramikfliesen ist.

Sowohl Dünnmörtel als auch Fliesenkleber trocknen schnell, Sie sollten also nur eine kleine Fläche auf einmal bedecken, bevor Sie die Fliese legen. Streichen Sie nur so viel Dünnmörtel oder Fliesenkleber auf, wie Sie in zehn Minuten bedecken können. Benutzen Sie dafür eine gezahnte Glättkelle. Tragen Sie den Kleber mit der glatten Seite auf und benutzen Sie dann die gezahnte, um die Rillen zu machen. Legen Sie die erste Fliese und pressen Sie sie fest an. Als nächstes setzen Sie die Fugenkreuze auf die Ecken. Die Fugenkreuze sind wichtig. Kleine Veränderungen im Winkel können später größere Abweichungen verursachen, so dass die Fugenkreuze eine gerade Ausrichtung ermöglichen. Auch eine Wasserwaage hilft beim Verlegen. Platzieren Sie die nächste Fliese in den Fugenkreuzen und so weiter, bis die Fläche gefüllt ist. Dann bringen Sie mehr Dünnmörtel oder Fliesenkleber auf und fahren fort, bis Sie die gesamte Fläche bedeckt haben.

Ein zeitsparender Tipp ist, den Boden bis zu den Wänden zu fliesen, aber den Wandanschluss als Letztes zu erledigen. Dann können Sie die Randfliesen auf einmal zuschneiden und legen. Anstatt zu versuchen, Mörtel oder Fliesenkleber auf den schmalen Streifen Boden aufzubringen, ist es einfacher, die Rückseite der Fliesen damit zu bestreichen und sie dann zu verlegen. Wenn alle Fliesen gelegt sind, müssen Sie die Fugenkreuze entfernen. Danach füllen Sie die Zwischenräume zwischen den Fliesen mit Fugenmörtel oder Fugenkitt.

Profi Tipp: Die schnellste Art, Ihren Boden zu fliesen, besteht darin, die Fliesen direkt auf dem Sperrholz des Unterbodens zu verlegen. Allerdings kann es passieren, dass die Fliesen nicht eben sind. Eine weitere Option besteht darin, Zementplatten auf dem Sperrholz anzubringen. Das gibt Ihnen eine glatte Oberfläche und ermöglicht ein viel glatteres Finish. Sie bekommen dadurch auch eine bessere Oberfläche für Fliesenkleber oder Dünnmörtel. Wenn Sie diesen Weg wählen wollen, denken Sie daran, die Anschlüsse der Platten zwischen den Reihen zu wechseln. Wenn Sie die Zementplatten anschrauben, denken Sie daran, die Köpfe der Schrauben zu versenken, so dass sie auf einer Ebene mit der Oberfläche der Zementplatte sind. Glätten Sie die Anschlüsse der Platten, um eine möglichst glatte Oberfläche zu erzielen.

Laminat verlegen

Am besten verlegen Sie Ihr Laminat, nachdem Sie den Rahmenausbau für das Innere Ihres Containers fertiggestellt haben. Sie können das Laminat sowohl auf einem Unterboden als auch auf einer Unterlage verlegen. Wenn Sie es noch vor dem Innenausbau verlegen, fangen Sie am besten an der linken Ecke gegenüber der Tür an und verlegen die Laminatplatten fortlaufend. Nach dem Innenausbau folgen Sie dem gleichen Prinzip, verlegen es aber Raum für Raum. Fangen Sie gegenüber jeder Tür an und arbeiten Sie sich bis zur Schwelle des Raumes zurück.

Die meisten Laminatböden bestehen aus Platten mit Nut und Feder, so dass Sie das Ende jeder Platte in die vorherige schieben können. Setzen Sie die neue Platte in einem 30° Winkel gegen die vorherige an. Schieben Sie die neue Platte in die alte, so dass sie bündig abschließt. Fahren Sie in dieser Weise fort, bis Sie die erste Reihe beendet haben. Wenn nötig, schneiden Sie die letzte Platte zu, so dass sie den vorhandenen Raum ausfüllt. Legen Sie sie dazu über die letzte verlegte Platte und markieren Sie die benötigte Breite. Schneiden Sie entlang der Markierung und legen Sie die Platte dann an ihren Platz.

Wenn Sie mit Laminat arbeiten, sollten Sie die Kanten abwechseln. Ein einfacher Weg ist, das abgeschnittene Stück der letzten Platte aus der vorherigen Reihe zu nehmen und damit die nächste Reihe zu beginnen. Wenn Sie nicht so verfahren möchten, schneiden Sie eine Platte zur Hälfte durch und beginnen Sie damit die neue Reihe. Fahren Sie so fort, dass die Kanten einer Reihe nie mit denen der vorherigen und der nächsten Reihe übereinstimmen.

Genau wie Fliesen müssen Sie auch Laminat der Form Ihres Raumes anpassen. Das heißt, wenn Sie Laminat legen, bevor Sie die äußeren Wände verkleidet haben, müssen Sie sich die Mühe machen, das Laminat auf die unregelmäßig geformten Containerwände zuzuschneiden. Das kostet Sie ein Menge Zeit, die Sie besser auf den Rahmenausbau der Wände verwenden.

Checkliste Boden verlegen

- Wenn Sie einen neuen Container bestellen, bitten Sie darum, dass der Boden nicht mit Chemikalien behandelt wird.
- Entfernen Sie den Originalboden oder reparieren Sie etwaige schadhafte Stellen.
- Treffen Sie eine Entscheidung bezüglich des Unterbodens. Entfernen Sie altes Sperrholz und tauschen Sie es gegen neues aus, bedecken Sie das bestehende Sperrholz mit einer luftundurchlässigen Unterlage, verwenden Sie eine luftundurchlässige Unterlage und fügen Sie einen Unterboden hinzu oder verlegen Sie Zementplatten.
- Entscheiden Sie sich für den endgültigen Bodenbelag. Die Optionen sind Fliesen, Laminat, Teppichboden oder Beton. Beachten Sie dabei das Klima. Teppichboden ist besser für kälteres Klima, während Fliesen, Laminat und Beton für wärmeres Klima geeignet sind.
- Denken Sie daran, dass ein Unterboden aus Betonfliesen empfehlenswert ist, wenn Sie Fliesen verlegen, damit Sie einen glatten Boden erhalten.
- Beachten Sie die Reihenfolge der Arbeiten. Der gesundheitsgefährdende Boden sollte zuerst entfernt oder versiegelt werden, aber den endgültigen Boden können zu verschiedenen Zeitpunkten legen.

Kapitel 10 – Rahmenausbau für den Innenraum

An dieser Stelle beginnen wir, den offenen Raum im Inneren in eine Reihe von abgetrennten Räumen umzuwandeln. Die Wände, Fenster und Türen sind zugeschnitten und eingehängt. Der Boden ist für den nächsten Schritt bereit. Die Außeninstallationen sind durchgeführt, so dass Sie Elektrizität und Wasser auf dem Grundstück haben. Jetzt ist es Zeit, den Innenraum aufzuteilen und Trennwände einzuziehen.

Werfen Sie noch einmal einen genauen Blick auf den Plan, bevor Sie größere Zuschnitte machen. Eine doppelte Versicherung kann später sehr viel Zeit sparen. Jetzt stellen Sie das Ständerwerk auf. Die äußeren Wände können mit Leisten versehen sein, so dass Sie das Innere mit einer Dämmung versehen können und ein schönes Finish aufbringen können. Die inneren Unterteilungen werden mit Ständerwerk gemacht, so dass die Innenwände gut aussehen und die Räume voneinander trennen. Sie können jetzt Gipskarton oder eine andere Oberfläche anbringen und zwischen ihnen eine Dämmung aus Dämmmatten anbringen.

Sie müssen für die Außenwände des Containers nicht unbedingt Ständerwerk benutzen. Es gibt viele andere Möglichkeiten, besonders wenn Sie sie schon mit Schaum gedämmt haben. In diesem Fall müssen Sie nur die Innenwände mit einem Rahmen versehen. Eine Mittellösung ist, die Leisten direkt in die Wand des Containers zu schrauben. Das verschafft Ihnen mehr Platz entlang der Innenwände, aber Sie müssen sicherstellen, dass die Schraublöcher versiegelt sind, um Rost und Lecks zu vermeiden. Sie können auch einen Rahmen aus Metall anstelle von Holz verwenden. Er ist etwas teurer und man benötigt spezielle Werkzeuge, aber sie gewinnen etwa 2,5 Zentimeter rundherum.

Das untenstehende Diagramm zeigt einen Plan der Wände, die einen Rahmen (Ständerwerk) benötigen (angezeigt durch die dicken schwarzen Linien. Der Entwurf zeigt zwei 12 Meter-Container und ein Teil der zentralen Wände muss hier für den Umbau entfernt werden. Der innere Radius muss mit einem Rahmen versehen werden sowie die Trennwände, mit denen die Räume abgetrennt werden.

Die Balken setzen

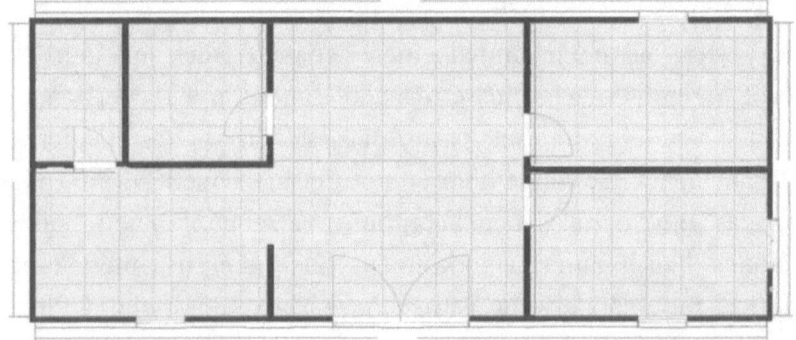

Ein Holzrahmen besteht aus einem Kopfbalken, einem Bodenbalken und den Leisten. Die Kopfbalken laufen oben über die Länge der Wand, die Bodenbalken am Boden verlaufen. Bringen Sie Balken entlang den Seiten aller inneren und äußeren

Wände an. Ein Balken mit den Maßen 5 x 10 cm ist dafür perfekt. Verwenden Sie 6,5 cm selbstschneidende Schrauben, um die Kopfplatten am Dach zu befestigen. Die Bodenbalken können entweder geschraubt oder genagelt werden. Bringen Sie die Schrauben oder Nägel im Abstand von 60 cm an. Tun Sie das, bevor Sie den endgültigen Boden gelegt haben.

Die vertikalen Leisten setzen

Als nächstes setzen Sie die vertikalen Leisten. Sie erstrecken sich vom Kopf- bis zum Bodenbalken. Platzieren Sie die erste Leiste an der Wand. Nageln oder schrauben Sie sie in den oberen und unteren Balken. 50mm Nägel oder 6,5 mm selbstschneidende Schrauben sind für diesen Zweck geeignet. Setzen Sie Nägel oder Schrauben schräg ein, um die maximale seitliche Stabilität zu erzielen. Setzen Sie einen in einem Winkel von 25 Grad ein und den nächste dann aus der der entgegengesetzten Richtung. Tun Sie das sowohl am oberen als auch am unteren Balken. Setzen Sie die nächste Leiste im Abstand von etwa 40 cm von der Mitte der vorigen. Damit schaffen Sie den vertikalen Unterbau für den Gipskarton und Raum für die Dämmung. Wenn Sie auch die äußeren Wände mit einem solchen Rahmen versehen wollen, sollten Sie damit beginnen. Stellen Sie die äußeren Wände fertig und wenden Sie sich dann den inneren Wänden zu.

Innentüren

Hier hilft es ebenfalls, einen klaren Plan zu haben. Immer wenn Sie eine Innentür haben, müssen Sie sie bei der Erstellung des Wandrahmens einplanen. Sie benötigen eine Leiste an jeder Seite der Tür und einen Türsturz darüber. Ein Türsturz ist der horizontale Balken, der den Türrahmen nach oben abschließt. Er verleiht dem Rahmen über der Tür Stabilität. Denken Sie daran, keine Leisten zu setzen, wo Sie einen offenen Raum benötigen. Schauen Sie sich das Bild links an, um eine Vorstellung davon zu bekommen, wie Sie eine Schwelle konstruieren.

Ein anderer Punkt betrifft das, was Sie an die Wand hängen wollen. Wenn Sie Ihre Inneneinrichtung bereits frühzeitig geplant haben, wissen Sie bereits, wo schwere Dinge wie Spiegel oder andere Dinge an der Wand hängen werden. Wenn Sie das bereits wissen, ziehen Sie einen Querbalken zwischen den Leisten ein, um einen stabilen Rahmen zur Befestigung zu haben.

Sie können direkt nachdem Sie den Rahmenausbau fertiggestellt haben, die inneren Türen einhängen. Wenn Sie das schon einmal gemacht haben, wissen Sie, dass es entscheidend ist, sie waagerecht auszurichten. Und das kann beim ersten Mal durchaus eine Herausforderung sein. Wenn Sie Türen verwenden, die bereits einen Rahmen haben, wird es leichter, da Sie die Einstellhilfen benutzen können, um den Rahmen waagerecht auszurichten.

Die oben beschriebene Anbringung der Leisten ist ideal für leichten Gipskarton. Schwerere Gipskartonplatten benötigen einen stärkeren Rahmen. Dafür reduzieren Sie den Abstand zwischen den Leisten. Bringen Sie die Leisten im Abstand von etwa 30 cm an. Dort wo die Enden der Gipskartonplatten aneinanderstoßen, sollte sich eine Leiste befinden, um die Platte daran festzuschrauben. Das müssen Sie bei Ihren Berechnungen einkalkulieren. Das gilt umso mehr über Fenstern und Türen.

Bei der Decke müssen Sie sich entscheiden, ob Sie sie vor oder nach dem Rahmenausbau anbringen. Wenn Sie es vorher machen, befestigen Sie die Dachlatten direkt am Dach des Containers und die Kopfleisten an den Dachlatten. Wenn Sie die Decke zuerst anbringen, wird der Rahmen an der Decke befestigt. Das ist möglich, aber nicht ganz so solide. Es macht die Anbringung der Decke allerdings einfacher. Wenn Sie die Decke zuerst anbringen, lassen Sie eine Lücke zwischen den Kopfbalken und dem Dach.

Checkliste Innenausbau

- Entscheiden Sie, ob Sie eine Decke einziehen wollen. Wenn dem so ist, bringen Sie erst Dachlatten als Unterbau an, bevor Sie die Innenwände mit einem Rahmenausbau versehen.

- Verwenden Sie selbstschneidende Schrauben, um die Kopf- und die Bodenbalken des Holzrahmens zu befestigen.

- Verbinden Sie Kopf- und Bodenbalken mit vertikalen Leisten, aber lassen Sie Platz für Türen und Fenster.

- Bringen Sie über Innentüren und Öffnungen Leisten als Stürze an und ebenfalls dort, wo schwere Objekte an die Wand sollen.

- Hängen Sie die Innentüren ein.

Kapitel 11 – Deckeninstallation

Wie Sie sich vorstellen können, ist es Ihnen überlassen, ob Sie Ihre Decke anbringen, bevor oder nachdem Sie das Rahmenwerk für die Wände erstellt haben bzw. ob Sie überhaupt eine Decke anbringen wollen. Und es gibt viele Gründe, warum eine unverkleidete Decke ansprechend sein kann. Sie gibt Ihnen und Ihren Besuchern eine Vorstellung davon, was Ihr Haus im Original war. Es ist eine sichtbare Erinnerung an die Arbeit und Mühe, die Sie in den Ausbau gesteckt haben. Sie gewinnen dadurch etwas an Höhe und lassen der Raum etwas offener. Eine eingebaute Decke gibt Ihnen jedoch mehr Raum für eine Isolierung und möglicherweise auch mehr Stauraum.

Unverkleidete Decke

Diese Option ist für die Verfechter des Eigenbaus attraktiv, denn sie spart eine Menge Zeit. Aber sie bedeutet gleichzeitig, dass Sie weniger Raum für die Isolierung zur Verfügung haben. An der unverkleideten Decke sammelt sich zudem Kondenswasser aus dem Innenraum. Wenn Sie die Decke unverkleidet lassen, werden Sie wahrscheinlich höhere Heiz- und Klimatisierungskosten haben. Möglicherweise kommt auch in ein paar Jahren Rost und Schimmel auf Sie zu.

Alles in allem bedeutete das, wenn es möglich ist, eine Decke zu installieren, dann sollte man es auch tun. Wenn Sie sich dennoch dagegen entschieden haben, ist das Wichtigste, dass Sie ein zusätzliches Dach auf Ihren Container setzen. Die Decke ist kritisch für den Wärmeverlust, so dass Ihnen ein zusätzliches Dach Raum für weitere Isolierung geben wird und den Container vor der Sonne schützt.

Installation der Decke

Die Decke lässt sich auf verschiedene Arten installieren. Eine traditionellere Herangehensweise ist die Anbringung von Deckenbalken an der Decke Ihres Containers. Meistens können Sie die mit 6,5 cm selbstschneidenden Schrauben direkt an der Decke des Containers anbringen. Je nachdem, wie sie den Rahmenausbau gemacht haben, können Sie sie auch direkt an die Kopfplatten nageln. Wenn Sie die Deckenbalken direkt an der Decke befestigen, gewinnen Sie ein paar Zentimeter an Kopfhöhe. Das muss jedoch erledigt werden, bevor die Wände mit Rahmen versehen sind. Dann können die Kopfplatten an den Deckenbalken befestigt werden, nachdem die Decke mit einem Rahmen versehen worden ist.

Achten Sie beim Anbringen der Deckenbalken darauf, dass sie etwa 20cm voneinander entfernt sind. Nachdem Sie die Deckenbalken gesetzt haben, können Sie dazwischen die Isolierung anbringen. Danach können Trockenwände oder Paneele an die Deckenbalken geschraubt werden.

Eine andere Möglichkeit ist, eine abgehängte Decke zu verwenden. Sie können Deckenelemente mit einem 5 x 10 cm Rahmen konstruieren, die Deckenverkleidung oder Sperrholz anbringen und dann die Isolierung hineinfüllen, bevor Sie die Elemente an die Decke schrauben. Wenn Sie zwei rechtwinklige Stäbe in der gewünschten Höhe an den Wänden anbringen entsteht eine Auflage, in dies Sie die Fächer hineinschieben können. Wenn

Sie sich dafür entscheiden, denken Sie daran, dass Sie sich bei den Fächern an der inneren Breite des Containers orientieren müssen.

Hier ist ein Standardrahmen. Auf diesen Rahmen wird eine Sperrholzplatte gelegt, die nach dem Einsetzen des Rahmens als Innendecke dienen wird.

Wenn das Sperrholz obendrauf wie gezeigt angebracht worden ist, dreht man es herum, so dass das Sperrholz nach unten zeigt (wie im unteren Bild gezeigt).

Der Rahmen ist mit Isoliermatten gefüllt

Ein Nachteil einer hängenden Decke ist, dass sie die Höhe des Containers verringert. Wenn Sie mit den größten Containern arbeiten, die es gibt, werden Sie dennoch nur eine innere Höhe von knapp 2,7 Metern erreichen. Diese Höhe müssen Sie bei der Planung, was Sie in den vorhandenen Raum integrieren müssen, berücksichtigen. Auf der anderen Seite gewinnen Sie dadurch Raum für Kabel und zusätzliche Isolierung.

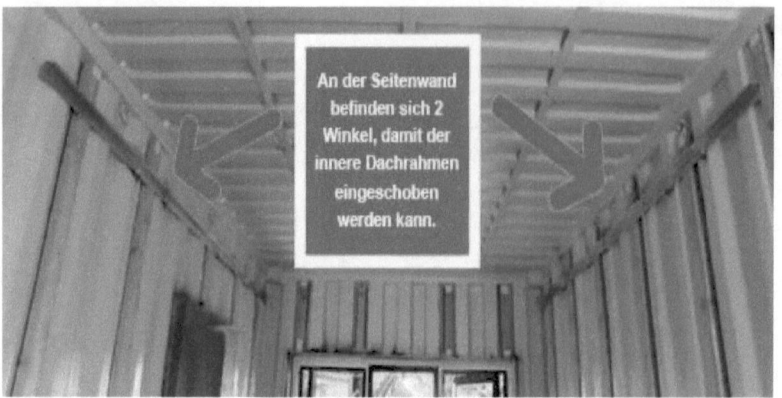

Woran Sie noch denken müssen ist, dass Sie die Decke genau wie den Boden versiegeln müssen, damit toxische Chemikalien aus der Farbe nicht in den Innenraum dringen. Eine Option besteht darin, Plastikfolie als Dunstbarriere zu verwenden, eine andere darin, Dichtungsmittel für das Deckenmaterial zu verwenden. Fragen Sie den Hersteller, um das geeignete Dichtungsmittel für die Versiegelung der Farbe zu finden.

Deckeninstallation– Checkliste

- Treffen Sie eine Entscheidung, ob Sie die Decke verkleiden wollen oder nicht.

- Versiegeln Sie unverkleidete Decken mit Dichtungsmittel, Bauschaum und Plastikfolie.

- Befestigen Sie die Deckenbalken an den Kopfplatten oder an der Decke des Containers.

- Befestigen Sie das Isolierungsmaterial zwischen den Deckenbalken.

- Verkleiden Sie die Deckenbalken mit Paneelen, Trockenwänden oder anderen Deckenverkleidungen und schrauben Sie sie fest.

Kapitel 12 – Anschlüsse im Innern

Die Anschlüsse im Innern verbinden die Versorgungsleitungen mit allen Orten, an denen sie gebraucht werden. Wasserleitungen werden von der Hauptwasserleitung zu allen Toiletten und Wasserhähnen gezogen. Alle Abflüsse werden installiert und in den Hauptabfluss geleitet. Sie müssen auch die Telefonleitung von der Telefonbuchse ziehen und die elektrischen Leitungen vom Schaltkasten zu allen Steckdosen, Schaltern und Lampen. Denken Sie auch an Leitungen, die Sie sonst noch brauchen. Türklingeln, eine Antenne, es spart Zeit, all diese Dinge auf einmal zu installieren. Denken Sie an die Reihenfolge. Sie müssen die Anschlüsse fertig haben, bevor Sie die Wände fertigstellen und wahrscheinlich auch die Decke, je nachdem, wie Sie die Leitungen verlegen wollen. Einige Arbeitsschritte hinsichtlich der Wasserzufuhr und den Abwasserleitungen müssen getan werden, bevor der Boden eingebaut ist. Wenn Sie in der Stadt bauen, wird das Wasser aus den städtischen Wasserleitungen gewonnen und in das Abwassernetz zurückgeführt. Wenn Ihr Grundstück entlegen ist, werden Sie mit einem Brunnen und einem septischen Tank arbeiten müssen.

Elektrische Leitungen

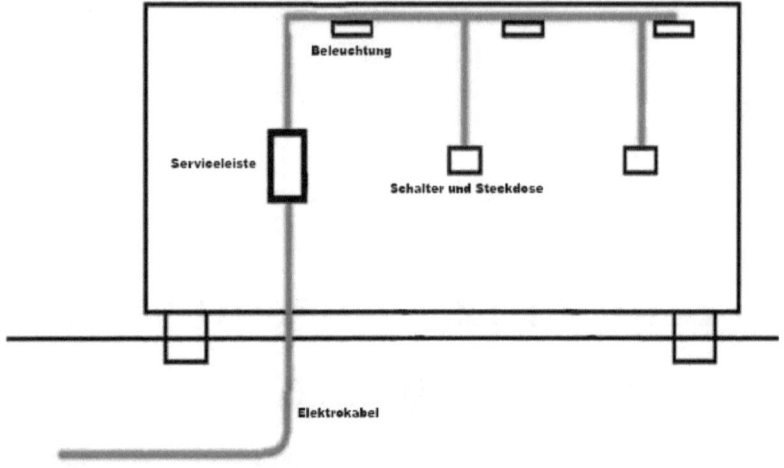

Abhängig davon, ob Sie eine Decke vor oder nach der Elektrik installieren, führen Sie die Kabel entweder entlang der Decke oder des Daches des Containers. Wenn Sie die Kabel an der Decke entlangführen wollten, müssen Sie ein Loch durch die Decke bohren, um Raum für die Kabel zu schaffen. Dies ist die ästhetischere Version. Die Kabel sind außer Sicht und der Container sieht sauber aus. Die einfachste Art und Weise zur Installation ist, nachdem Sie die Dachleisten angebracht haben, aber noch bevor Sie die Deckenverkleidung angeschraubt haben. Die andere Option besteht darin, die Leitungen über die Deckenverkleidung zu führen. Das ist die einfachste Lösung, aber die Kabel sind dann sichtbar. Sie können sie allerdings in einem Kabelkanal verschwinden lassen. Wenn Sie alles im Eigenbau machen und Sie wollen alles so einfach wie möglich halten, ist das vielleicht die beste Lösung für Sie.

Das Ziel der elektrischen Installation ist es, Kabel vom externen Schaltkasten zu allen Lichtsteckdosen, Lichtschaltern und Steckdosen zu führen. Es hilft, sie auf Dachlatten zu führen, was Sie aber bei der Anbringung der Wand- und Deckenverkleidung berücksichtigen müssen. Für das Auge ist es am angenehmsten, wenn sie alle auf gleicher Höhe laufen, aber sie können hier natürlich auch kreativ werden. Führen Sie die Kabel an der Decke über die gesamte Länge des Containers und zweigen Sie dann entsprechend Kabel dort ab, wo Sie sie benötigen.

Eine gute Lösung für Kabel ist Romex, ein flexibles, nicht-metallisches Kabel mit hoher Lebensdauer. Sie können aber auch Kabelkanäle verwenden, das sind Plastikröhren, die die Kabel führen und schützen. Sie können die Kabelkanäle dort hinführen, wo Sie sie brauchen. Sie können sie mit Klammern, Plastikclips oder Isolierband an Dachlatten befestigen. Wenn Sie nicht mit Kabelkanälen arbeiten wollen, können Sie jedes Kabel einzeln ziehen und es mit Isolierband befestigen.

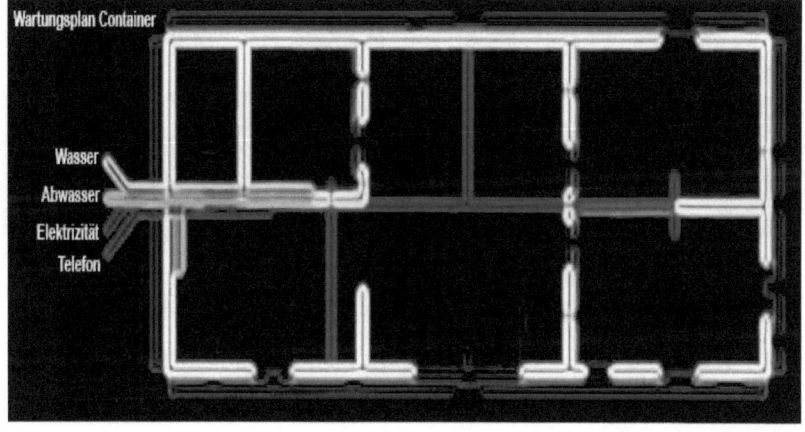

Das obenstehende Diagramm zeigt ein Beispiel für die Führung von elektrischen Leitungen durch das Innere Ihres Hauses. Die blauen Linien zeigen einen möglichen Weg, um die Kabel durch das Innere zu führen mit Abzweigungen zu verschiedenen Steckdosen, Lampen und Lichtschaltern. Nachdem Sie die Kabel gelegt haben, ist der nächste Schritt, die Steckdosen, Lampendosen und Lichtschalter anzubringen und sie an die Kabel anzuschließen. Sie sollten an den Wand- und Dachleisten angebracht werden, damit sie fest und sicher befestigt sind.

Denken Sie daran: Die Arbeit mit Elektrizität ist gefährlich und erfordert die handwerklichen Fähigkeiten und das Wissen eines erfahrenen Elektrikers. Sie beauftragen am besten einen qualifizierten Elektriker, um Fehler zu vermeiden und um zu gewährleisten, dass alles korrekt installiert ist.

Klempnerarbeiten

Wasser- und Abwasserrohre

Unter Klempnerarbeiten versteht man die Anlage von Wasser- und Abwasserleitungen im Innern Ihres Hauses. Vielleicht ist das etwas Persönliches, aber Klempnerarbeiten sind eine Herausforderung. Die Leitung zu verlegen ist nicht so schwer, aber Sie müssen die Verbindungen auch wasserdicht machen, so dass sie nicht lecken. Ob Sie Teflonband oder Rohrdichtmittel verwenden, das Prinzip ist das gleiche: Machen Sie es eng genug, um undichte Stellen zu vermeiden.

Sie haben mittlerweile Leitungen zur Hauptwasser- und Hauptabwasserleitung gelegt. Wenn Sie – aus welchem Grund auch immer – aus dem Innern des Containers noch keinen Zugang dazu haben, ist es jetzt an der Zeit, ihn herzustellen. Installieren Sie die vertikalen Rohre, so dass Sie sie zu den Abflüssen, Duschen, Toiletten und Wasserhähnen führen können. Denken Sie daran, dass Sie überall dort, wohin sie Wasser führen, auch eine Abflussleitung benötigen. Sie sparen viel Zeit, wenn Sie beide Leitungen gleichzeitig legen. Wenn Sie gut vorausgeplant haben, haben Sie Teile des Fußbodens entfernt, damit Sie die Klempnerarbeiten darunter durchführen können. Es muss kaum erwähnt werden, dass Sie die Klempnerarbeiten erledigen sollten, bevor Sie den Boden fertigstellen.

Die Rohre müssen jetzt für alle Becken, Duschen und Toiletten hergerichtet werden. Verlegen Sie sie so, dass alle Abflüsse in die Abwasserleitung führen und alle Wasserohre zur Wasserleitung. Installieren Sie auch Absperrventile, so dass Sie das Wasser absperren können falls nötig.

Wasser und Abwasser sind in Bezug auf die Installation relativ einfach. Führen Sie alle Abflüsse in die Hauptabwasserleitung und alle Wasserhähne, Toiletten und Duschen zur Hauptwasserleitung. Hier sind kluge Entwürfe hilfreich. Wenn Sie es richtiggemacht haben, benötigen Sie ein Minimum an Rohren und Arbeitsstunden, um die Wasserversorgung Ihres Heims anzulegen.

Telefon

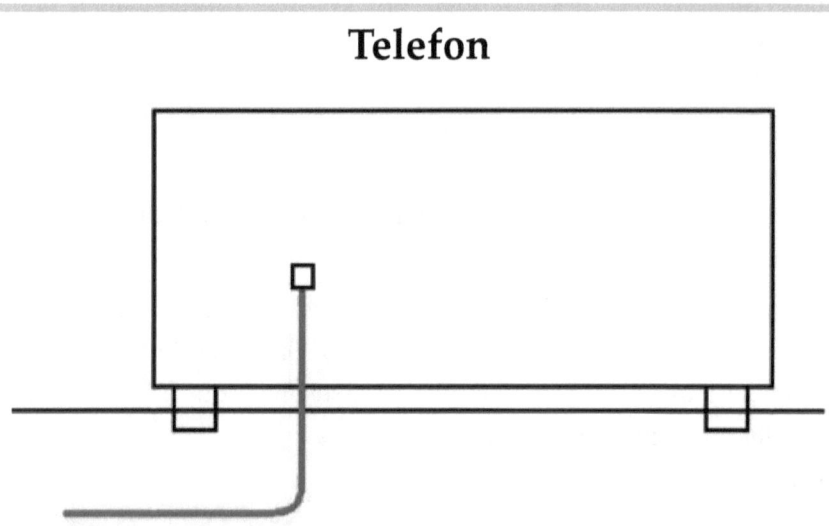

Wenn die Hauptanschlüsse draußen fertiggestellt sind, liegt das Telefonkabel mit PVC-Ummantelung unter dem Boden des Containers, bis es ins Innere gelegt wird. Eine Möglichkeit ist, die elektrische Leitung durch den Schaltkasten für die Elektrik zu führen, eine andere, ein Loch in den Boden des Containers zu bohren und die Leitung dort nach oben in den Container zu führen, wo die Telefonsteckdose angeschlossen werden soll.

Um es ins Innere des Containers zu führen, führten Sie das Kabel an einer der inneren Falten entlang und kleben Sie das lose Kabel am Metall fest. Wenn die Leitung bis auf die notwendige Höhe geführt worden ist, befestigen Sie die Telefonsteckdose an den Holzleisten und führen Sie den Telefondraht in die Telefonsteckdose.

Checkliste für Versorgungsleitungen im Innern

- Installieren Sie Lampenanschlüsse, Lichtschalter und elektrische Steckdosen. Führen Sie die Elektrokabel vom Schaltkasten zu jeder Verbraucherstelle.

- Verbinden Sie die Abflüsse von Duschen und Waschbecken mit der Hauptabwasserleitung.

- Installieren Sie die Rohre, um Wasser von der Hauptwasserleitung zu allen Becken, Toiletten und Duschen zu führen.

- Installieren Sie die Telefonsteckdose und ziehen Sie die Telefonleitung dorthin.

- Holen Sie sich professionelle Hilfe für die Verlegung der elektrischen Leitungen.

Kapitel 13 – Isolierung

Ihr Containerhaus besteht aus einer großen Metallkiste. Metall ist ein ausgezeichneter Leiter. Er nimmt die Temperatur leicht auf und diese wird ins Innere des Containers übertragen, wenn Sie nicht aufpassen. Ohne Isolierung haben Sie ein halbes Jahr einen Ofen und die andere Hälfte einen Kühlschrank. Das bedeutet herausfordernde Lebensbedingungen oder hohe Heiz- oder Kühlkosten. Zudem versiegelt die Sprühisolierung die toxischen Chemikalien Ihres Containers, daher bekommen Sie zwei zum Preis von einem.

Ohne Isolierung kommt zum Problem mit der Temperatur noch das Problem der Kondensation hinzu. Es kommt immer dann zur Kondensation, wenn eine Seite einer Oberfläche kälter ist als die andere. Wasserdampf aus der Luft wird sich auf der wärmeren Seite der Oberfläche niederschlagen. Das kann zu Rost und Lecks führen und, wenn nichts unternommen wird, nach einer Weile auch zu Schimmel. Diese Komplikationen können die Struktur des Containers weiter schwächen und ein Gesundheitsrisiko für Ihre Familie darstellen.

Möglichkeiten der Isolierung

Wenn Sie sich also für eine Isolierung entscheiden, wie gehen Sie es an? Nun, wie bei allen anderen Schritten gibt es auch hier mehrere Möglichkeiten. Die erste Frage, sie sie sich stellen müssen, lautet: „Innen, außen oder beides?" Da dies wirklich ein Schwachpunkt von Containern ist, empfehlen wir es, die Innen- sowie die Außenseite zu dämmen. Aber das bleibt natürlich Ihnen überlassen. Wenn Sie in einem kalten Klima leben, ist die Außenisolierung ein Muss. Sie verhindert den Verlust der Wärme zwischen dem Container und der ihn umgebenden Kälte. Je extremer Ihr Klima, desto empfehlenswerter ist es, eine Kombination von Innen- und Außenisolierung zu verwenden.

Außenisolierung

Denken Sie kurz über die physikalischen Gegebenheiten nach. Ohne äußere Isolierung wird sich ihr Container aufheizen. Die aufgeheizte Außenwand umgibt den gesamten Raum und die Hitze wird, soweit sie kann, durch die Isolierung der Innenwand dringen. Und wir reden hier von großer Hitze. Wenn es kälter ist, ist der Wärmefluss umgekehrt, und geht vom warmen Inneren nach draußen. Eine Außenisolierung kühlt den Container im Sommer und behält die Wärme im Winter. Sie reduziert Ihre Heiz- und Kühlkosten erheblich und trägt dazu bei, eine angenehme Temperatur im Haus zu erhalten.

Zusätzlich zu den Erwägungen bezüglich der Temperatur, kann eine Isolierung auch eine tolle Möglichkeit darstellen, das Äußere Ihres Containers aufzufrischen und eine andere Oberfläche aufzutragen. Sie können die Vertiefungen des Stahls mit einer Dämmung ausfüllen, obwohl das teuer ist. Nachdem die Außenwände mit Sprühisolierung versehen sind, können Sie gestrichen oder verkleidet werden.

Wenn Sie sich dafür entscheiden, sowohl das Innere als auch das Äußere zu isolieren, wird das nicht der Fall sein. Wenn Sie nur das Innere isolieren, sparen Sie sich ein paar Zentimeter Decke oder Boden. Es ist besonders wichtig, die Unterseite des Containers zu isolieren. Das tun sie am besten, schnellsten und leichtesten bei der Aufstellung des Containers. Wenn das nicht geht, ist es am besten die Isolierung unter dem Fußboden anzubringen.

Wenn Sie planen, die Innenwände des Containers nicht zu verändern, ist eine äußere Dämmung ideal. Sie verlieren dadurch keine Fläche im Inneren. Sie sollten auch das Dach des Containers mit einer Isolierung versehen. Es ist leicht, sie unter einem neuen Dach anzubringen. Nachdem Sie die Dachbalken gesetzt haben, können Sie Isolationsmaterial auf Rollen zwischen den Balken anbringen. Das ist nicht unbedingt nötig, wenn Sie ihr Dach bereits mit Sprühschaum verkleidet haben. Wenn Sie das Dach isolieren und die Decke des Containers unverkleidet lassen, bekommen Sie ein bisschen mehr Kopfhöhe. Wenn Sie aber ohnehin eine Decke planen, kostet Sie eine Schicht Isoliermaterial keine Höhe.

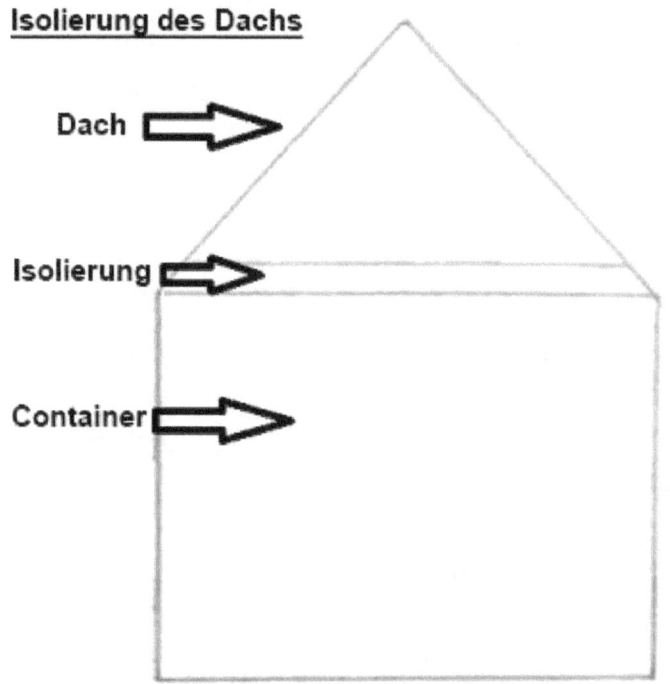

Innenisolierung

Eine Innenisolierung ist nicht unbedingt erforderlich, aber sie eine gute Option. Wenn Sie vorhaben, die Wände zu verkleiden und eine Decke zu installieren, verlieren Sie durch die Isolierung keinen weiteren Raum. Nur zur Erinnerung: auf nicht-isolierten Decken sammelt sich beim Kochen und immer, wenn es drinnen wärmer ist als draußen, Kondenswasser.

Das Tolle an Sprühschaumisolierung im Inneren Ihres Containers ist, dass sie alle Kratzer und Beulen auf der Oberfläche überdeckt. Dazu ergibt sie eine schöne Oberfläche, die sich streichen lässt. Das ist in kälteren Gegenden nicht die beste Option, aber sie hat einen gewissen ästhetischen Reiz, wenn sie es richtigmachen.

Wenn Sie die innere Isolierung planen, ist der größte Faktor, den Sie in Betracht ziehen müssen, der, dass sie Raum einnimmt. Der Raum ist ein begrenzender Faktor beim Bau mit Containern, deshalb sollten Sie das in der Planungsphase im Auge behalten. Eine andere Möglichkeit ist, an einigen Stellen eine Isolierung im Innern, an anderen eine Isolierung außen zu verwenden. Oder auch beides, wo sie wollen.

Anbringung der Isolierung

Das Entscheidende ist hier, alle Flächen des Containers zu isolieren. Das sind der Boden und das Dach, die beiden Seitenwände sowie die beiden Enden. Die Außenisolierung ist ein Muss für den Boden des Containers und äußerst empfehlenswert für das Dach. Das Dach ist in der Tat einfach zu dämmen. Nachdem Sie Ihren Container aufgestellt haben, können Sie einfach aufs Dach klettern und die Isolierung mit Sprühschaum aufsprühen oder Dämm-Material auflegen, wenn Sie das Dach aufsetzen. Es hilft, von innen eine Isolierung der Decke dagegen zu setzen, aber Sie haben viel Platz, um das Obere während der Installation des Daches zu isolieren, wohingegen der Platz später geringer sein kann.

Wenn Sie sich um die Isolierung des Innern kümmern, haben Sie die Möglichkeit Sprühschaum, Rollen oder Matten zu verwenden. Die Isolierung mit Sprühschaum kann aufgebracht werden, bevor andere Arbeit im Innern fertiggestellt wurden. Wenn Sie Matten oder Rollen verwenden, können diese zwischen die Leisten an der Wand gepackt werden. An der Decke wird die Isolierung zwischen den Dachlatten platziert. Wenn Sie den Boden von innen isolieren, platzieren Sie die Isolierung auf dem Boden, bevor Sie den Unterbau des Bodens einbauen.

Arten von Isolation

Wie Sie sicher schon aus den obigen Abschnitten erraten haben, gibt es bei der Isolierung drei Möglichkeiten: Sprühschaum, Dämmplatten und Matten oder Rollen. Jede Art hat ihre Vor- und Nachteile, daher werfen wir einen näheren Blick auf jede.

Rollen- oder Mattenisolierung

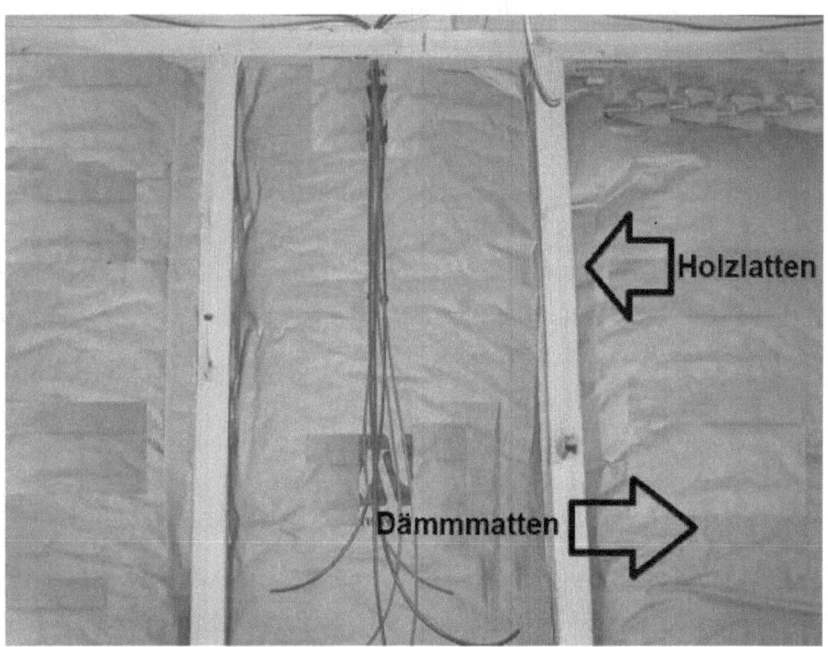

Rollen oder Matten sind die preisgünstigste Option. Das verbreitetste Dämm-Material ist mineralisch. Es ist unter dem Begriff „Steinwolle" bekannt. Um es zu installieren, müssen Wände mit einem Rahmenausbau versehen sein, denn die Rollen oder Matten werden zwischen die Leisten platziert und nach unten gerollt. Wenn der Holzrahmen erst einmal fertig ist, lassen sie sich schnell und einfach anbringen. Die Anbringung ist einfach, aber Sie sollten daran denken, dass Dämm-Matten aus Fiberglas bestehen und vorsichtig behandelt werden müssen. Sie sollten Maske und Handschuhe tragen und am besten auch Ihre Haut bedecken.

Im Vergleich zu Bauschaum ist die Anbringung von Dämm-Matten oder Dämmplatten wesentlich sauberer, aber sie benötigt etwas mehr Zeit und Mühe. Sie müssen vor der Anbringung zunächst eine Ständerwand errichten. Danach sind die Schritte für Dämm-Matten und Dämmplatten dieselben.

Sie müssen nur die Platten oder Matten in den Zwischenräumen der Ständerwand anbringen. Versuchen Sie die Weite der Leisten so zu bemessen, dass die Matten oder Platten ohne Zuschnitt hineinpassen. Das ist effizienter und spart Bauzeit. Wenn Sie Dämm-Matten verwenden, muss die beschichtete Seite zur Wand des Containers hin zeigen.

Eine Dämmung mit Bauschaum ist der leichteste Weg, den Boden und das Dach des Containers zu isolieren. Wenn Sie jedoch Dämmplatten oder -matten verwenden wollen, müssen Sie auch hier zunächst Balken einbauen. Sie können Balken mit den Maßen 5 x 10 cm verwenden. Setzen Sie sie etwa 400 mm auseinander. Legen Sie die Steinwolle in die Zwischenräume genau wie im Innern. Sie können auch verschiedene Methoden kombinieren, z.B. erst Dämmplatten einbauen und dann Bauschaum sprühen, um eine Versiegelung zu erreichen.

Tipp: Einige Arten von Dämm-Matten verwenden Formaldehyd als Binder. Um die gefährlichen Chemikalien in Ihrem Heim zu reduzieren, suchen Sie nach formaldehydfreien Matten. Diese haben die gleichen Dämmeigenschaften, allerdings ohne schädliche Chemikalien.

Dämmplatten

Wenn Sie nach der wirklich einfachsten Lösung suchen und eine etwas höhere Ausgabe nicht scheuen, sollten Sie sich für Dämmplatten entscheiden. Sie sind schnell anzubringen und Sie brauchen sich keine Gedanken um Fiberglas-Partikel zu machen. Dämmplatten sind relativ dünne Platten mit hohem Dämmwert. Sie können in verschiedenen Größen gekauft und zwischen den Balken angebracht werden, so dass die Installation fast genauso aussieht, wie die mit Dämm-Matten. Sie sind jedoch dünner und lassen Ihnen daher mehr Raum zu arbeiten. Wenn Sie nicht die allerpreisgünstigste Option benötigen, ist das mühelose Anbringen und die geringe Dicke die wenigen Euro Aufpreis wert. Dämmplatten können auch für die Unterseite des Containers verwendet werden, aber auch hier muss das Fundament mit Balken versehen sein, um die Platten zu befestigen.

Dämmung mit Bauschaum

Bauschaum ist wahrscheinlich die teuerste Option. Es ist eine schmutzige Arbeit und bedarf eines gewissen Könnens, um ihn richtig anzubringen. Wegen der Schmutzentwicklung sollten Sie alles, was nicht mit Bauschaum in Berührung kommen soll, abdecken – einschließlich Türen und Fenster, Rohre, Kabel und Steckdosen. Eine dünne Plastikfolie reicht dazu aus. Schneiden Sie sie zurecht und befestigen Sie sie mit Klebeband. Kabel, Rohre und Steckdosen können abgeklebt werden, bevor Sie mit dem Bauschaum loslegen. Legen Sie auch Plastikfolie auf den Boden des Containers, um überschüssigen Bauschaum aufzufangen und sich später eine zeitaufreibende Säuberung zu sparen.

Bauschaum kann direkt auf die Wände des Containers gesprüht werden, d.h. Sie sparen sich die Arbeit, erst eine Ständerwand aufzubauen, falls sie nicht für andere Zwecke notwendig ist (wie z.B. als Unterbau für eine Verkleidung der Innenwände). Es nimmt am wenigsten Zeit in Anspruch und man kann den Container damit am besten dämmen. Das Ergebnis ist eine nahtlose, luftdichte Barriere und der beste Widerstand gegen Wärmefluss, den Sie bekommen können. Ein weiterer Vorteil gegenüber Matten und Platten ist der, dass Bauschaum auch unebenen Oberflächen und Lücken ausfüllt. Matten und Platten müssen ggf. zugeschnitten werden, um ungerade geformte Partien abzudecken.

Obwohl es nicht nötig ist, die innere Oberfläche von Außenwänden mit Ständerwänden zu versehen, wenn Sie mit Bauschaum arbeiten, wollen Sie es vielleicht dennoch tun. Denn so sind Sie in der Lage, die Wand mit Gipskarton oder Paneelen zu verkleiden. Gipskarton bietet eine glatte Oberfläche, die gestrichen werden kann, während Paneele ihren eigenen ästhetischen Wert haben. Wenn Sie sich für diesen Weg entschieden haben, sprühen Sie einfach Bauschaum zwischen die Leisten, genauso als hätten Sie dort Matten oder Platten angebracht.

Wenn Sie sich entscheiden, die äußere Wand nicht mit einer Ständerwänden auszustatten, können Sie zwischen verschiedenen Düsen für das Auftragen von Bauschaum wählen. Sie bieten eine Vielfalt von Texturen für die Wände von glatt bis hin zu genarbt.

Für eine Dämmung aus Bauschaum benötigen Sie eine Schaumdicke von mindestens fünf Zentimetern. Hier haben sie mehrere Optionen. Sie können die gesamte Dicke auf eine Seite der Wand sprühen, innen oder außen, oder sie können sie aufteilen, die Hälfte von außen, die andere Hälfte von innen.

Wenn Ihr Design vorsieht, zwei oder mehrere Container zu verbinden, stellen Sie sicher, dass Sie die Schrauben, die die Wände miteinander verbinden dämmen, ebenso wie die Schweißnähte zwischen den Böden. Bringen Sie eine Schicht Bauschaum sowohl auf den flachen Metallstäben auf, die zwischen die benachbarten Wände geschweißt wurden als auch auf die Schrauben, die Sie zwischen die Container gesetzt haben.

Es gibt eine Reihe von Auswahlmöglichkeiten hinsichtlich des Bauschaums. Sie benötigen geschlossen-porigen Polyurethanschaum. Geschlossen-poriger Schaum widersteht sowohl Wasser als auch Dunst. Er kann von außen oder von innen angebracht werden, während offen-poriger Schaum nur im Innern und in Bereichen verwendet werden sollte, in denen keine Feuchtigkeit herrscht. Geschlossen-poriger Polyurethanschaum verfügt außerdem über einen höheren Dämmwert. Wenn der verfügbare Raum eine Rolle spielt, zählt jeder Zentimeter. Unabhängig von der Art der Isolierung, die Sie wählen, denken Sie daran, dass Sie bei der Arbeit entsprechende Schutzkleidung tragen. Dazu gehören Staubmaske, Brille, Handschule und Schutzbekleidung.

Tipp: Bevor Sie anfangen, sprühen Sie den Bauschaum zunächst in eine leere Kiste. Das lässt das Treibmittel von der Düse verschwinden und sie bekommen einen Eindruck, mit welcher Geschwindigkeit der Schaum austritt. Wenn Sie ein Gefühl für die Geschwindigkeit haben, werden Sie in der Lage sein die Isolierung kontrollierter und flüssiger aufzutragen.

Checkliste Isolierung

- Entscheiden Sie, ob Sie angesichts des Klimas ihr Heim dämmen wollen.

- Wenn Sie es dämmen wollen, entscheiden Sie sich, ob Sie es von außen, innen, von beiden Seiten oder durch eine Kombination isolieren wollen.

- Wählen Sie die Art der Isolierung. Denken Sie daran, dass bestimmte Arten von Isolierung für manche Gegenden besser geeignet sind.

- Denken Sie daran, den Boden des Containers zu isolieren, bevor Sie ihn an seinen Platz setzen.

- Wenn Sie das Dach isolieren wollen, tun Sie es während des Baus.

- Denken Sie daran, dass Sie verschiedene Arten von Isolierung auf der gleichen Fläche verwenden können.

- Denken Sie bei der Isolierung daran, dass Sie alle sechs Flächen berücksichtigen.

Kapitel 14 – Trockenwände einbauen und Anstrich vorbereiten

Abhängig von Ihrer Wandgestaltung kann dies eine reizvolle Arbeit sein. Schöne Holzpaneele oder schön gestrichene Trockenwände verwandeln Ihren Container von einer Baustelle in ein Zuhause in der Entstehungsphase. In den meisten Fällen müssen Sie Ihre Wandverkleidung lediglich auf den Leisten befestigen. Denken Sie daran, dass es auch hier verschiedene Optionen gibt. Für viele werden Trockenwände benötigt. Schneiden Sie sie zu und richten Sie sie an den Leisten aus. Wenn Sie richtig geplant haben, wird sich der Zuschnitt auf ein Minimum beschränken. Sie können jedoch auch mit Wandverkleidungen aus Hartholz arbeiten und sie direkt auf den Leisten befestigen.

Gipskartonplatten oder Paneele anbringen

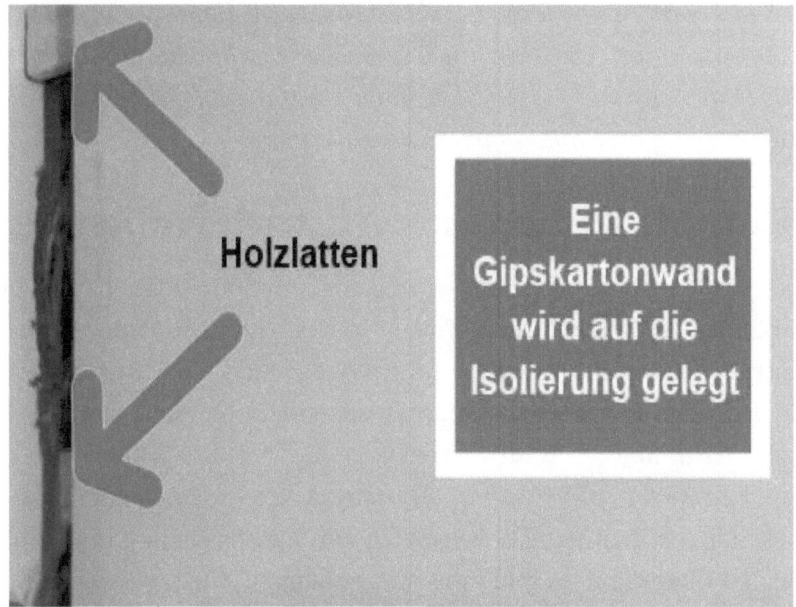

Wenn Sie die Wände mit Trockenwänden oder Paneelen verkleiden, beginnen Sie an den Öffnungen wie Türen und Fenstern. Arbeiten Sie sich von der Öffnung bis zur am weitesten entfernten Wand vor. Bringen Sie die Trockenwände oder Paneele horizontal versetzt an, so dass die Kanten nicht auf derselben Leiste liegen, sonst wird es am Stoß zu Rissen kommen.

Versuchen Sie, die Kanten der Wandverkleidungen in der Mitte der Leisten zu platzieren. An Öffnungen kann das schon mal etwas schwierig sein, aber es ist machbar. Überall sonst sollte es vergleichsweise einfach sein. Schrauben Sie die Gipskartons entlang der Leisten fest. Setzen Sie die Schrauben alle 200 mm. Arbeiten Sie vertikal und horizontal, um zu gewährleisten, dass jedes Teil richtig befestigt ist.

Tipps: Benutzen Sie Schrauben, die speziell für Gipskarton geeignet sind. Sie sind mit Phosphat überzogen und haben einen versenkten Kopf. Wenn Sie die Trockenwand oder die Paneele in eine ungerade Stelle einpassen müssen, messen Sie die Verkleidung erst mit einem Maßband aus und markieren Sie dann die Schnittkante mit einer Wasserwaage. Benutzen Sie ein Teppichmesser, um die Trockenwand zuzuschneiden. Bringen Sie die Trockenwand an und achten Sie darauf, dass die nicht zugeschnittenen Kanten bündig abschließen.

Den Gipskarton zum Anstrich vorbereiten

Jetzt sollten Sie in der Lage sein, Trockenwände anzubringen und darauf einen Anstrich anzubringen, oder? Nun, die Antwort ist ein klares „Vielleicht". Vergegenwärtigen Sie sich den Arbeitsablauf. Beim Einsetzen der Schrauben entstehen leichte Vertiefungen um jedes Schraubloch und zwischen den Trockenwänden. Neuere Trockenwände und neuerer Gipskarton sind so gestaltet, dass sie diese Unebenheiten nicht zeigen. In den meisten Fällen müssen Sie die Trockenwand jedoch mit einer Schicht Putz versehen. Das erfüllt mehrere Zwecke gleichzeitig. Es ist eine Schutzschicht, glättet die Oberfläche und erleichtert die Renovierung.

Wenn Sie neuere Trockenwände ohne Putz streichen, müssen Sie zunächst die Schraublöcher und die Lücken zwischen den Trockenwänden ausfüllen. Dazu können Sie Füllspachtel verwenden, die Sie mit einem kleinen Spachtel in die Löcher drücken und glätten. Die Zwischenräume zwischen den Trockenwänden können Sie entlang der Kanten mit Fugenband überkleben. Dann können Sie alles mit einer Trockenwandversiegelung überstreichen. Nach der Versiegelung können Sie die Wände streichen.

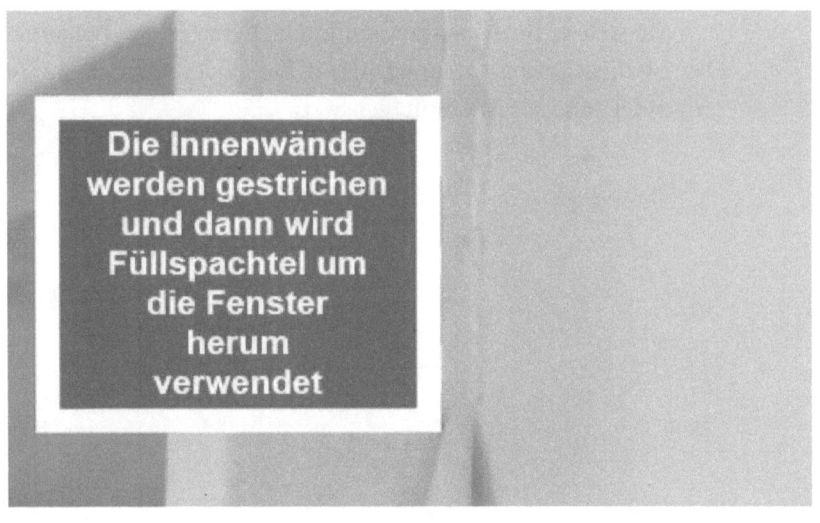

Die Innenwände werden gestrichen und dann wird Füllspachtel um die Fenster herum verwendet

Checkliste für Innenwände

• Entscheiden Sie, ob Sie ihre Wand mit Trockenwänden oder anderen Materialien verkleiden wollen. Kapitel 15 über die Fertigstellung der Innenwände zeigt Ihnen noch andere Möglichkeiten.

• Bei der Verwendung von Trockenwänden besorgen Sie sich Hilfe. Ein zusätzliches Paar Hände erleichtert und beschleunigt die Anbringung erheblich.

• Verwenden Sie Schrauben, die speziell für Trockenwände geeignet sind. Sie sind mit Phosphat überzogen und haben versenkte Köpfe.

• Beginnen Sie mit der Anbringung in der Mitte der Leisten, wenn möglich. Das sollte überall möglich sein außer an den Öffnungen.

• Versetzen Sie die Kanten der Trockenwände, so dass die Schnittkanten nicht auf einer Ebene liegen. Dies wird verhindern, dass sich später Risse zeigen.

• Verwenden Sie Füllspachtel, um die Schraublöcher zu glätten und Fugenband und Füllspachtel, um die Lücken zwischen den einzelnen Trockenwänden zu füllen.

- Sie sollten Ihre Trockenwände mit Versiegelung behandeln. Das ist nicht zwingend nötig, wenn Sie neuere Trockenwände verwenden, aber es ist empfehlenswert.

Kapitel 15 – Fertigstellung der Innenwände

An diesem Punkt haben Sie den Innenraum mit Trockenwänden oder Paneelen verkleidet und es ist an der Zeit, einen Anstrich anzubringen oder die Wände auf andere Art zu verschönern. Wie sollen Ihre Wände aussehen? Möchten Sie gestrichene Trockenwände, Holzvertäfelung oder Strukturputz? Was immer Sie auch möchten, jetzt können Sie es in die Tat umsetzen.

Die einfachste Lösung ist der Anstrich der Trockenwände. In diesem Fall empfehlen wir helle Farben. Sie lassen den Raum größer erscheinen und machen ihn gemütlicher. Da Sie die Trockenwände sicher verputzen, bevor Sie Farbe auftragen, ist es genauso einfach einen Strukturputz aufzutragen. Es kann großen Spaß machen, die Kelle zu schwingen, und die Strukturen zu erzeugen, die Sie sich wünschen. Sie können auch vorgefertigte Strukturelemente verwenden oder eine Vertäfelung aus dünnem Holz auf der Trockenwand anbringen.

Wenn Sie nicht mit Trockenwänden arbeiten wollen, können Sie sich für eine richtige Holzvertäfelung entscheiden oder für Sperrholz. Es gibt auch eine Reihe von vorgefertigten Wandelementen, die Sie verwenden können. Eine andere Option, die allerdings mehr Zeit in Anspruch nimmt, aber dauerhaft und ästhetisch ansprechend ist, ist die Verwendung eines Systems von Putz und Putzträger. Dazu werden hunderte schmaler Holzleisten angebracht, auf die dann der Putz aufgebracht wird.

Anstrich

Das ist ein einfaches Verfahren für Trockenwände. Es ist relativ preisgünstig und die Arbeit kann schnell erledigt werden, in weniger als einem Tag für einen gesamten Container, wenn Sie mit ein paar Leuten zusammenarbeiten. Nachdem die Trockenwand angebracht, verputzt und die Löcher aufgefüllt und geglättet sind, holen Sie die Farbroller heraus und tragen Sie Farbe auf. Das gleiche gilt auch für Strukturputz.

Aufbau

Zeit zum Streichen! Der erste Schritt ist, den Raum zu säubern und die Teile des Bodens, die Sie schützen möchten, abzudecken. Verwenden Sie dazu einfach Abdeckplane. Kleben Sie auch alle Elemente ab, die keine Farbspritzer abbekommen sollen, wie Tür- und Fensterrahmen, Schalter, Türknaufe, etc. Räumen Sie alles aus dem Weg, so dass Sie die Decke ohne Hindernisse erreichen können. Richten Sie eine Ecke ein, in der Sie die Farbe anmischen und die Werkzeuge ablegen können.

Fragen Sie den Verkäufer, welche Farbe für Ihren Anstrich geeignet ist und mit welchen Pinseln und Rollen sie gestrichen werden kann, damit Sie Ihre gewünschte Oberfläche erhalten. Für Farben auf Wasserbasis und Latexfarben benötigt man synthetische Pinsel, während man Farben auf Alkydharz- oder Ölbasis mit Naturpinseln aufträgt. Schütteln Sie die Farbe gut durch und verrühren Sie sie mit einem Holzstab, bevor Sie sie auftragen. Wenn Sie mehrere Eimer oder Dosen Farbe benötigen, mischen Sie sie vor dem Anstrich in einer Wanne zunächst zusammen, um einen gleichmäßigen Farbton zu erhalten. Entfernen Sie vor dem Anstrich jeglichen Staub und Schmutz von der Trockenwand.

Wenn Sie in einer feuchten Umgebung arbeiten, schließen Sie alle Türen und Fenster und verwenden Sie einen Luftentfeuchter.

Fertigstellung

Einer der wichtigsten Tipps beim Streichen ist, von oben nach unten zu arbeiten. Wenn Sie die Decke streichen müssen, fangen Sie hier an. Arbeiten Sie sich dann bis zum Boden vor. Wenn Sie eine Rolle zum Streichen verwenden, versuchen Sie sich jeweils eine halbe Rollenbreite vorzuarbeiten. Wenn Sie mit unterschiedlichen Farben für die Decke und die Wände arbeiten oder wenn Sie einen möglichst sauberen Anblick erzielen wollen, kleben Sie die Kanten mit Abklebeband ab.

Machen Sie an den Wänden weiter und arbeiten Sie auch hier von oben nach unten. Wenn Sie mit Rollen arbeiten, machen Sie lange Züge und arbeiten Sie möglichst von der Decke bis zum Boden. Beginnen Sie mit dem nächsten Strich auf der Hälfte des vorherigen. Damit stellen Sie sicher, dass der Farbauftrag gleichmäßig ist. Es ist besser, mehrere dünne Farbaufträge zu haben als wenige dicke, weil Sie damit ein gleichmäßigeres und schöneres Bild erzielen.

Entfernen Sie das Abklebeband, wenn die Farbe trocken ist. Falls es sich schlecht lösen lässt, benutzen Sie einen Fön, um es abzulösen. Wenn Sie das Abklebeband entfernt haben, können sie die mit einem kleinen Pinsel, die noch nicht gestrichenen Stellen nacharbeiten. Achten Sie darauf, dass Sie nicht über die gewünschte Kante hinaus streichen.

Fertigstellen ohne Anstrich

Wenn Sie auf einen Anstrich verzichten wollen, gibt es die tolle Möglichkeit, Vinylpaneele auf Ihrer Trockenwand anzubringen. Sie müssen das Vinyl passend für Ihre Wände zuschneiden, d.h. Türen, Fenster, Schalter und Öffnungen ausschneiden. Vinyl, das mit einer Rückseite aus Dichtmasse versehen ist, ist perfekt für Räume mit hoher Feuchtigkeit wie Badezimmer und Küchen.

Vinylpaneele werden im Badezimmer eingesetzt, um das Budget niedrig zu halten und trotzdem gut auszusehen

Echte Holzwände

Montage von Kiefernwänden

Echtholz ist eine teurere Option, bietet aber eine wunderschöne Oberfläche. Wenn Sie Trockenwände umgehen und direkt auf den Leisten Hartholzpanelle anbringen wollen, bedecken Sie sie erst mit Plastikfolie, nachdem Sie die Isolierung angebracht haben. Ziehen Sie die Folien über die Zwischenräume zwischen den Leisten und nageln Sie sie fest. Dann können Sie ihre Hartholzverkleidung anbringen.

Es gibt endlose Optionen für Wände aus Echtholz, aber eine, die das Prinzip demonstriert, ist eine Nut und Feder-Verbindung. Beginnen Sie damit, die Echtholzlatten an den Rahmenleisten zu befestigen und arbeiten Sie von unten nach oben. Bringen Sie die Latten der Verkleidung versetzt an und befestigten Sie sie an den Leisten. Im Grunde ist das eine einfache Angelegenheit. Sie müssen nur die überschüssige Länge jeder Latte abmessen und sie auf die richtige Länge zuschneiden. Die letzte Reihe muss auch in der Breite entsprechend zugeschnitten werden. Das ergibt eine wunderbare Wandverkleidung, die das Gefühl eine Holzhütte vermittelt. Das ist eine der einfachsten, aber schönsten Wandverkleidungen, die Sie anbringen können. Es nimmt vielleicht etwas Zeit in Anspruch, aber es ist einfach, selbst mit begrenzter Erfahrung und wenigen Werkzeugen.

Checkliste für die Fertigstellung der Innenwände

- Wählen Sie die gewünschte Oberfläche für Ihre Wände. Sie können zwischen einem Anstrich, Paneelen, Trockenwandplatten, Echtholz und den anderen oben erwähnten Optionen wählen.

- Wenn Sie sich für einen Anstrich entscheiden, bereiten sie die Trockenwand für die Aufnahme von Farbe vor und schützen Sie alle anderen Flächen mit Abdeckplane und Abklebeband vor Farbspritzern. Nachdem die Farbe trocken ist, arbeiten Sie die Kanten an den Wänden und um Lichtschalter und Steckdosen nach.

- Wenn Sie sich dafür entscheiden, die Wände mit Echtholz zu verkleiden, versetzen Sie die Echtholzleisten und passen Sie die Kanten an den Leisten des Rahmens an. Für diese Option benötigen Sie keine Trockenwände.

Kapitel 16 – Abschlussarbeiten außen

Bisher haben wir im Wesentlichen im Innern des Hauses gearbeitet. Jetzt begeben wir uns an die Außenseite und schauen, was wir hier tun können. Wie zuvor besteht der erste Schritt darin, über die Dämmung nachzudenken. Bauschaum bietet die größte Vielfalt an Möglichkeiten. Auf der Außenseite können Sie Schaum, Dämmmatten oder -rollen oder Dämmpaneele anbringen, aber bestimmte Arten der Außenverkleidung können diese weniger effektiv machen. Werfen wir also einen Blick auf Außenverkleidung.

Die Außenwand mit Dämmung versehen

Es gibt viele Möglichkeiten, die Sie wählen können, nachdem Sie die Außenwand mit Sprühisolierung verkleidet haben. Sie können sie streichen, mit Stuck verzieren oder mit Holz verkleiden. In jedem Fall müssen Sie Ihre Dämmung verkleiden und versiegeln. Wenn geschlossenporiges Polyurethan dem Sonnenlicht ausgesetzt wird, beginnt es zu zerfallen. Farbe oder Stuck gewährleisten, dass Ihre Dämmung intakt und stabil bleibt.

Das Äußere mit Gips versehen

Wenn Sie sich dafür entscheiden, das Äußere Ihres Hauses mit Gips zu verkleiden, ist es am besten, wenn Sie zuerst Bauschaum mit einer groben Oberfläche benutzen, da diese einen besseren Halt für den Gips bietet. Da der Verputz nur für das Äußere vorgesehen ist, müssen Sie es damit nicht übertreiben. Sie können Mischungen kaufen, denen nur noch Wasser zugesetzt werden muss. Mit einem 20 Kilo Sack können Sie 2,5 Quadratmeter in einer Stärke von 5 mm bedecken.

Der erste Schritt, um Ihr Haus mit Gipsputz zu versehen, ist es, einen geraden Rand mit Klebeband an den Kanten zu befestigen. Schützen Sie den Boden des Äußeren Ihres Hauses mit dicker Plastikfolie. Mischen Sie den Gipsputz in einem Eimer mit Wasser und lassen Sie ihn fünf Minuten stehen. Während der Wartezeit besprengen Sie die äußere Isolierung mit Wasser, so dass der Putz auf eine feuchte Oberfläche aufgebracht werden kann.

Beginnen Sie mit dem Aufbringen des Putzes am Boden und arbeiten Sie sich nach oben vor, wobei Sie eine Stahlkelle benutzen. Arbeiten Sie mit langen Schwüngen, so dass der Putz gleichmäßig auf der Oberfläche aufgebracht wird. Der Gipsputz muss innerhalb von 30 Minuten nach dem Anmischen aufgebracht werden. Wie beim Anstreichen ist es auch hier ratsam, den Putz in mehreren dünnen Lagen aufzubringen als in dicken. Versuchen Sie jede Schicht etwa 5 mm dick zu machen. Nach dem Aufbringen sollten sie über die noch feuchte Schicht kratzen, um der nächsten Schicht besseren Halt zu geben. Glätten sie die oberste Schicht mit einem Reibebrett, um ein glattes Finish zu erzielen.

Die Außendämmung streichen

Beim Anstrich der Außendämmung sollten Sie entweder Latexfarbe oder Acrylfarbe auf Wasserbasis verwenden. Farben auf Ölbasis können den Dämmschaum beschädigen. Vermeiden Sie glänzende Farben, da diese jede Unebenheit der Oberfläche betonen. Matte oder halbglänzende Farben bedecken sowohl die Dämmung und bieten eine ästhetische Oberfläche.

Gehen Sie vor dem Anstrich einmal um den Container herum und achten Sie auf raue Stellen. Wenn Sie solche entdecken, schmirgeln Sie sie mit Schmirgelpaper glatt. Denken Sie daran, dabei eine Schutzmaske zu tragen, damit sie keine Partikel aus der Dämmung einatmen.

Wenn Sie alle rauen Stellen geglättet haben, können Sie den Anstrich aufbringen. Streichen Sie mindestens drei Schichten. Sie können Sie mit einer Sprühpistole, einer Rolle oder einem dicken Pinsel aufbringen. Sprühpistolen sind die schnellste Option und bieten den gleichmäßigsten Farbauftrag. Stellen Sie die Sprühpistole ein, indem sie vorher auf einen Karton sprühen, bevor Sie mit dem Farbauftrag beginnen. Rollen sind etwas langsamer, aber Sie können effektiv mit ihnen arbeiten. Pinsel bieten die beste Kontrolle, aber mit ihnen es dauert am längsten.

Tipps: Sie können nach dem Anstrich eine Wachs-Versiegelung auf die Farbe aufbringen. Sie bekommen eine schönere Oberfläche, wenn Sie mehrere dünne Schichten anstatt einer oder mehrerer dicken Schichten auftragen. Jede Schicht muss erst getrocknet sein, bevor Sie die nächste aufbringen.

Das Äußere ohne Dämmung fertigstellen

Bisher haben wir über die Fertigstellung der Äußeren mit einer Dämmung gesprochen. Wenn Sie das Äußere jedoch nicht dämmen wollen, sparen Sie etwas Zeit und Geld. Es ist die einfachste Lösung und weist auf die Herkunft Ihres Hauses hin. Sie können es ziemlich eindrucksvoll aussehen lassen, wenn Sie ein Händchen dafür haben. Streichen Sie den Container oder verkleiden Sie ihn mit Holz, wie immer Sie mögen.

Den Container streichen

Die Entscheidung, den Container ohne Verkleidung zu belassen, zeigt zwar, woraus ihr Heim besteht, setzt es aber auch den Elementen aus. Eine Schicht Latexfarbe macht Ihren Container widerstandsfähiger gegen Rost und undichte Stellen. Sie verlängert die Lebensdauer Ihres Heims. Bereiten Sie den Container vor, indem Sie alle Aufkleber entfernen und die Oberfläche gründlich reinigen. Wenn sie sich nicht von Hand entfernen lassen, benutzen Sie eine Rasierklinge. Entfernen Sie Rost mit Schmirgelpapier, Schleifmaschinen und / oder Drahtbürsten. Decken Sie den Boden um Ihren Container herum mit Plastikfolie ab.

Die beste Farbe für Ihren Außenanstrich ist Alkylharzlack. Er kann mit Pinseln, Rollen oder Sprühpistolen auf das Äußere aufgebracht werden. Wie schon oben beschrieben sind Sprühpistolen die schnellst Option mit dem gleichmäßigsten Farbauftrag. Rollen sind etwas langsamer, bieten aber dennoch einen ziemlich gleichmäßigen Farbauftrag. Pinsel bieten die beste Kontrolle, benötigen aber die größten handwerklichen Fähigkeiten, um einen gleichmäßigen Farbauftrag zu erzielen. Versehen Sie die Außenwand des Containers mit mindestens drei Schichten.

Die Außenwand mit Holz verkleiden

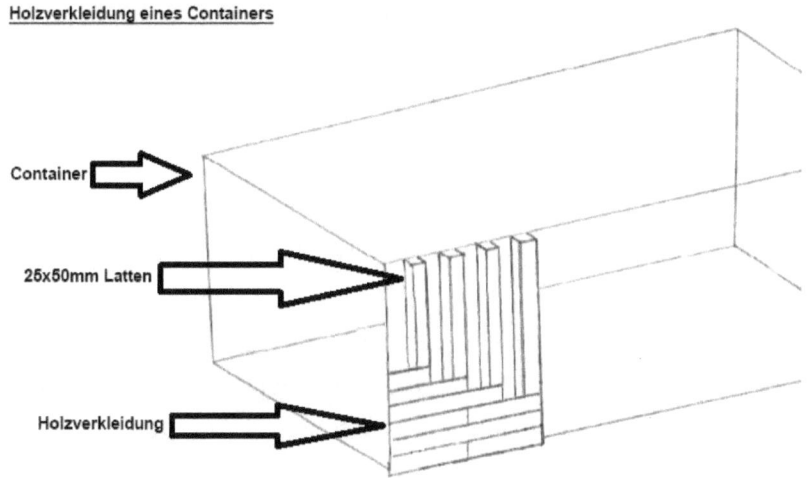

Holzverkleidung eines Containers

Das Äußere Ihres Containers mit Bauholz zu verkleiden, hat die gleichen Vorteile wie die Verwendung von Hartholz für das Innere. Die Außenseite Ihres Heims kann so gestaltet werden, dass sie wie ein Holzhaus aussieht. Dies ist eine einfache Möglichkeit, die sich schnell realisieren lässt. Es macht Spaß zu sehen, wie sie wächst und sich das Äußere Ihres Containers verändert. Die Verkleidung der Außenwand mit Bauholz ist die letzte Möglichkeit, die wir Ihnen in diesem Handbuch vorstellen. Es bietet eine ästhetisch ansprechende Option und verleiht Ihrem Heim das Aussehen eines Holzhauses. Sie ist leicht und schnell anzubringen und bietet eine zusätzliche Schutzschicht für das Äußere.

Zuerst müssen Sie die Leisten anbringen: Leisten mit den Maßen 5 x 10 cm sind dafür ideal. Schneiden Sie sic sic auf die Größe des Containers zu, bevor Sie ihn mit einem Rahmen versehen. Bringen Sie die Leisten im Abstand von 400 mm an. Bringen Sie sie am Container an, indem Sie ein Loch in jedes Ende der Leisten bohren, in einer Entfernung von etwa 30 Zentimeter vom Dach und vom Boden. Treiben Sie eine Schraube durch das Loch und verriegeln Sie sie von innen, um die Leiste festzumachen. Nachdem Sie die Leisten oben und unten festgemacht haben, bohren Sie alle

30 cm ein Loch und befestigen Sie die Leisten mit Schrauben an der Wand, die sie von innen sichern. Jetzt sind die Leisten fest mit dem Container verbunden.

Wenn Sie alle Leisten rund um den Container angebracht haben, können Sie die Verkleidung anbringen. Im Wesentlichen werden die Holzbretter einfach auf die Leisten aufgenagelt. Das Ganze funktioniert genauso wie die Verkleidung im Innern. Benutzen Sie rostfreie Stahlnägel zur Befestigung. Beginnen Sie am Boden und arbeiten Sie sich nach oben vor. Überlappen Sie die Verbindungen der Verkleidung wie auf der Abbildung oben dargestellt. Wenn die Verkleidung angebracht ist, behandeln Sie sie mit einem Feuchtigkeits-und UV-resistentem Überzug.

Checkliste für die Fertigstellung des Äußeren

- Wählen Sie das gewünschte Äußere, wobei Sie die Optionen für gedämmte und ungedämmte Außenwände berücksichtigen.
- Wenn Sie das Äußere ohne Dämmung streichen wollen, entfernen Sie Rost und alle Aufkleber.
- Wenn Sie sich dafür entscheiden, ein gedämmtes Äußeres zu streichen, verwenden Sie Latexfarben oder Acrylfarben auf Wasserbasis.
- Wenn Sie das Äußere ohne Dämmung streichen, verwenden Sie Alkydharzlack.
- Bringen Sie mindestens drei Anstriche an. Denken Sie daran, dass viele dünne Farbschichten eine schönere Oberfläche ergeben als wenige dicke Farbschichten.
- Für die Verkleidung des Äußeren mit Holz versehen Sie das gesamte Äußere mit Leisten. Bohren Sie Löcher am oberen und unteren Ende der Leisten und treiben Sie Schrauben durch die Löcher, die sie von innen aus mit einer Mutter sichern.

• Verkleiden Sie die Leisten mit Holz; arbeiten Sie von unten nach oben und versetzen Sie die Enden der Holzleisten.

• Versiegeln Sie die Verkleidung durch Feuchtigkeit und UV-resistente Versiegelung.

Teil 2: Was kann ich mit einem Containerhaus machen?

Eine schnelle Antwort auf die Frage, was Sie mit einem Containerhaus machen können, lautet: viel. Es handelt sich um modulare Konstruktionen, die gestapelt oder in vielfacher Weise arrangiert werden können. Stellen Sie sich die Möglichkeiten vor. Wände, größere Räume, Apartmenthäuser, Bürokomplexe, Villen, Schwimmbecken – wenn Sie es sich vorstellen können, können Sie es auch Wirklichkeit werden lassen.

Teil 2 widmet sich Beispielen, die das Potential von Containerhäusern zeigen. Hoffentlich entdecken Sie Ihre kreative Ader und entwerfen etwas wirklich Schönes.

Kapitel 17 – Tolle Ideen zum Bauen mit Containern

Garagen und Werkstätten

Es gibt einige tolle Sachen, die man mit Containern machen kann, um sehr komfortable Garagen und Werkstätten zu schaffen. Ein einziger Container gibt eine sehr praktische Garage ab. Sie müssen nur die erforderlichen Öffnungen hineinschneiden und können vielleicht sogar den ursprünglichen Boden verwenden. Schließlich muss eine Garage ja nicht den gleichen Anforderungen wie ein Wohnraum entsprechen. Daher können Sie auch einen komplett abgeschlossen Raum schaffen. Sie können aber auch eine andere Option wählen - und einen offenen Raum wählen, der von Containern begrenzt und von einem Dach geschützt wird. Hier gibt es jede Menge Lagerraum und es ist eine großartige Lösung für eine Werkstatt im Freien. Sie können diese Anlage so lang machen, wie Sie wollen und das Innere so umbauen, dass auch Büros untergebracht werden können.

Zwei Lagercontainer mit einem Stahldach dazwischen schaffen einen guten Freiraum, der z. B. als Arbeitsbereich genutzt werden kann

Schwimmbecken

Mit einer Trennwand kann aus einem Schiffscontainer auch ein Whirlpool werden; perfekt für den Wintereinsatz

Container sind toll für Innovationen. Sie können sie für viele Zwecke nutzen. Eine großartige neue Idee ist, daraus ein Schwimmbecken zu machen. Container sind massiv und baulich stabil, aber sie benötigen eine wasserdichte Auskleidung, so dass Sie sich nicht um Rost oder Lecks sorgen müssen. Die ist eine großartige Alternative zu Pools aus Beton oder Fiberglas. Sie können entweder Erde ausheben und den Container im Boden versenken, bevor sie Wasser einfüllen, oder ihn als einen oberirdischen Pool verwenden. Diese Option ist die schnellste. Stellen Sie ihn an die richtige Stelle, schneiden Sie die Decke ab, verkleiden sie die Kanten und das Innere und füllen Sie ihn mit Wasser. Das ist die schnellste Möglichkeit überhaupt, um zu einem Pool zu kommen.

Der Container muss versiegelt und wasserdicht gemacht werden, um das Wasser aufnehmen zu können. Ecken und Nähte sollten geschweißt werden, um den Container zu verstärken. Wenn Sie das nicht tun, wird der Container dem Wasserdruck nicht standhalten, insbesondere, wenn er oberirdisch ist. Sie sollten an den Seitenwänden auch Stäbe zur Verstärkung einschweißen, um die Seiten gegen seitlichen Druck zu abzusichern.

Der Container sollte ohne Rost und in gutem Zustand sein. Wenn es problematische Stellen gibt, behandeln Sie diese mit Dichtungsmittel, Farbe auf Latexbasis, Isolierung und allem, was Ihnen einfällt, um Rost und Lecks zu verhindern. Es ist teuer und zeitraubend, den gesamten Pool zu leeren und zu trocknen, um Lecks abzudichten. Um den Pool fertigzustellen, werden Sie sicher noch eine Begrenzung und eine Leiter anbringen, damit Sie leichter hinaufkommen. Wenn ihr Standort zufällig eine erhöhte Terrasse beinhaltet, können Sie ihn auch daneben aufstellen.

Wenn Sie die Aufstellung und Auskleidung geklärt haben, denken Sie auch an die Wartung. Sie benötigen eine Pumpe und möglicherweise auch eine Heizung, wenn Sie es ganz schick wollen. Die Pumpe sollte mit einem Filter verbunden sein, um das Wasser sauber zu halten. Und wenn Sie in einer Gegend mit extremem Wetter leben oder laubabwerfende Bäume in der Nähe haben, sollten Sie auch nach Poolabdeckungen und wirksamen Isolierungen schauen.

Werfen wir kurz einen Blick auf den Vor- und Nachteile eines Pools aus Containern in Ihrem Garten.

Vorteile

- Container sind dauerhaft gebaut. So lange Sie ihn wasserdicht gemacht haben und regelmäßig Wartungen durchführen, wird so gut wie ewig halten.

- Form und Größe sind ideal, um darin Bahnen zu schwimmen. Container sind dafür ideal, weil sie lang und schmal sind. Sie könnten Container für Pools genauso anpassen wie für Häuser. Sie können einen Boden einziehen, um die benötigte Wassermenge zu reduzieren.

- Sie können oberirdisch oder im Boden versenkt aufgestellt werden. Darüber sprechen wir noch im folgenden Teil, aber Container lassen sich am besten knapp unter dem Boden aufstellen. Sie können einen Container leicht in einen eingelassenen Pool verwandeln. Der Wasserdruck von innen wird den Druck der Erde von außen ausgleichen. Oberirdisch ist die Aufstellung leichter, weil Sie ihn nur an die richtige Stelle stellen müssen, dafür ist aber eine Verstärkung wichtig, da es sonst kein Gegengewicht gegen den Wasserdruck gibt.

- Sie können Container auch versetzen. Das ist ein Anreiz. Welchen anderen Pool können Sie schon einpacken und gemeinsam mit Ihrem Haus irgendwo anders hin transportieren. Einen Pool aus einem Container zu machen bedeutet also, dass Sie ihn ihr ganzes Leben lang haben können, auch wenn Sie einmal umziehen.

Nachteile

- Container haben nur bestimmte Größen. Dadurch sind Ihre Designmöglichkeiten eingeschränkt. Wenn Sie jedoch so kreativ damit sind, wie mit der Gestaltung Ihres Hauses, wird dies keine allzu große Beschränkung darstellen. Nehmen wir z.B. einen 2,44 x 12 Meter großen Container. Wenn Sie auf der einen Seite 1,50 Meter als größte Tiefe nehmen, versehen Sie den Container mit einem geneigten Boden und sehen Sie auf der anderen Seite ein flaches Ende vor. Sie können auch verschiedene Tiefenstufen vorsehen, je nachdem wie Sie es sich vorstellen.

- Container sind tief. Wenn Sie den Container in seiner ursprünglichen Tiefe belassen wollen oder nur mit minimaler Modifikation, haben Sie einen ziemlich tiefen Pool. Eine Option wäre, die Seitenwände zu kürzen, aber angesichts der Alternativen wäre das ein bisschen ungünstig. Sie können den Container sehr leicht mit einem falschen Boden versehen, den Sie bis zur gewünschten Tiefe neigen und ihn dann mit Dichtungsmittel wasserdicht abdichten.

- Sie müssen clever sein, um ihn preisgünstiger als einen traditionellen Pool zu machen. Beim Bau mit Containern denkt man automatisch daran, dass es billiger wäre. Aber das stimmt nur, wenn Sie es richtig anstellen. Sehen Sie sich ihre Möglichkeiten an. Sie finden sicher eine ober- oder unterirdische Lösung, die Ihnen viel Geld sparen wird.

- Auch wenn es möglich ist, ist es nicht einfach Pools aus Containern zu transportieren. Wenn Sie ihn wirklich von einem Ort zum nächsten transportieren müssen, müssen Sie zunächst das Wasser ablassen. Als nächstes müssen Sie ihn vorsichtig auf- und wieder abladen, so dass sich die Seiten nicht verbiegen. Bei einer solchen Aktion zahlen sich Verstärkungen an den Seitenwänden in jedem Fall aus.

Diese Fakten müssen Sie im Kopf behalten:

Obwohl ein Container in vieler Hinsicht eine schnelle und leicht Lösung ist, heißt das nicht, dass Sie notwendige Schritte überspringen oder auslassen können. Wenn Sie möchten, dass er so lange wie möglich hält, müssen Sie alles tun, um ihn baulich zu verstärken und ihn wasserdicht zu machen. Verwenden Sie besondere Aufmerksamkeit auf das Filtersystem, versiegeln sie sowohl das Innere als auch das Äußere des Containers mit wasserdichtem Dichtungsmittel und führen Sie regelmäßige Wartungen durch. Wenn Sie das tun, kann Ihr Pool Jahrzehnte halten.

Wenn Sie einen Pool in den Boden einlassen wollen, müssen Sie je nach Standort gegebenenfalls die Erlaubnis der Behörden einholen. Das ist umso wahrscheinlicher, wenn Ihr Pool nah bei Ihrem Haus oder der Grundstücksgrenze liegt. Die meisten Bauvorschriften sehen Mindestabstände für die Platzierung solcher Bauten vor. Und denken Sie daran, dass ein Container voller Wasser ziemlich schwer ist. Sie müssen sicherstellen, dass der Boden unter dem Pool tragfähig genug ist. Fragen Sie im Zweifel ihren Geotechniker.

Bunker für Preppers

An dieser Stelle müssen wir auf die klassische bauliche Schwäche von Containern hinweisen. Sie sind stabil gegen vertikalen Druck auf Wände und Ecken. Seitlicher Druck gegen die Wände trifft den Container jedoch an seiner schwächsten Stelle. Selbst wenn es also relativ preiswert ist, einen Bunker aus einem Container zu machen, ist es das möglicherweise nicht wert.

Lassen Sie uns den Prozess durchdenken. Sie müssen das Erdreich ausheben, um den Container aufzunehmen und es um ihn herum wieder aufzufüllen, so dass der Boden verdichtet und kompakt genug ist. Eine andere Möglichkeit ist, die Lücke, die der Aushub seitlich hinterlassen hat, mit Beton aufzufüllen. Platzieren Sie eine Gewebematte aus Baustahl an den Seiten und schon haben Sie Ihren Container erheblich verstärkt. Gleichwohl sollten Sie auch die Innenseiten verstärken. Wenn Sie den Container unter die Erde bringen, wird erheblicher Druck auf die Seitenwände ausgeübt und das letzte, was Sie wollen, ist, dass Ihr Container zusammenknickt, während Sie sich darin aufhalten.

Eine weitere Möglichkeit ist, Gabionen um Ihren Container herum aufzustellen. Sie müssen die ausgeschachtete Fläche etwas größer machen, aber Sie haben dann eine stabile Wand, die den seitlichen Druck abfängt und gewährleistet, dass ihr unterirdischer Pool nicht stetigem Seitendruck ausgesetzt ist. Auch wenn Sie das tun, können Sie auf eine weitere Herausforderung treffen, wenn Sie sich an einem Ort mit einem hohen Grundwasserspiegel befinden. Das ist gut für einen Brunnen, aber der Boden wird schnell in Schlamm verwandelt und erschwert es, eine solides Fundament oder Umgebungswände zu bauen.

Container sind in den letzten zehn Jahren bei Preppers sehr beliebt geworden, insbesondere, da man einen Container für unter 5000 US-Dollar kaufen kann und er einen soliden Schutz für eine ganze Reihe von Gefahren bietet. Das heißt aber nicht, dass er als Bunker der Jackpot ist. Die Verstärkungen, die er an der Außenseite erfordert ähneln denen, die Sie auch für einen gemauerten Bunker benötigen, so dass Sie eine Menge Geld sparen würden, wenn Sie einfach die traditionelle Variante wählen würden.

Auch hier gilt es, das Ganze erst einmal zu durchdenken. Wenn Sie einen Container als Bunker verwenden wollen, benötigen Sie einen Kran. Möglicherweise benötigen Sie auch einen Bagger, um das Erdreich auszuheben und später wieder einzufüllen, wenn Sie alle Verstärkungen angebracht haben. Es ist möglich, dass Sie beim Zusammenzählen aller Kosten mehr für Ihren Container bezahlen als für die traditionelle Methode. Wenn Sie sich also dafür entschieden haben, überprüfen Sie die Zahlen und planen Sie clever. Sie können es schaffen, aber Sie müssen voraus denken.

Mit den folgenden Herausforderungen müssen Sie rechnen:

> 1. Indem Sie Ihren Container unter die Erde bringen, setzen Sie ihn einem Druck auf seine schwächsten Teile aus, nämlich den Seitenwänden. Container sind nicht dafür gebaut, diesem Druck standzuhalten. Sie müssen die Seitenwände über die gesamte Länge verstärken, um dem Druck des Erdreichs auszugleichen. Ansonsten werden die Seiten langsam nachgeben, sich durchbiegen und viele Probleme verursachen. Wenn der Boden sehr feucht ist, ist das noch wahrscheinlicher. Wasser ist schwer und Feuchtigkeit lässt die Wände des Containers

korrodieren. Die beste Maßnahme dagegen ist, einen Rahmen um die äußeren Wände des Containers zu bauen, um sie zu stützen.

2. Das Dach ist ein weiterer Schwachpunkt. Container sind dafür gebaut, hohes Gewicht auf ihren Ecken zu tragen. Wenn man eine Menge Erde auf ihr Dach füllt, übt man Druck auf eine weitere schwache Stelle aus. Möglichkeiten, das auszugleichen sind der Bau eines Fachwerkrahmens oder eines zweiten Dachs, um die Gewichtsverteilung auszugleichen. Behandeln Sie Ihren Container genauso, als würden sie oberirdisch vertikalen Druck abfangen wollen.

3. Sie müssen Sie auch um den gesundheitsgefährdenden Boden kümmern. Entfernen und ersetzen Sie ihn, Untergrund, Beton, luftundurchlässige Unterlage – wenn Sie einen sicheren Bunker wollen, müssen Sie den Boden genauso behandeln wie den Ihres Hauses. Das wird etwas Zeit in Anspruch nehmen, aber es ist den Aufwand wert. Abhängig von Ihrem Design kann es günstiger sein, den Boden einzubauen, bevor Sie den Container in die Grube hinunterlassen.

4. Sie müssen sich um die Wände kümmern. Genau wie die Wände können Sie mit toxischen Chemikalien verseucht sein, die in den genutzten Raum dringen können. An den Wänden ist es die Farbe. Eine hohe Belastung mit Phosphor und Chromat kann den Bunker vergiften und unbewohnbar machen. Ein einfaches Mittel dagegen ist eine Isolierung aus Sprühschaum. Dadurch entsteht eine geruchsdichte Barriere über der Farbe, die das Innere relativ frei von schädlichen Stoffen halten wird. Denken Sie daran, dass es nicht ausreicht, die Farbe nur zu überstreichen.

5. Rost ist ein Hauptgegner. Ein Rostfleck kann sich durch den ganzen Container ausbreiten, wenn er unbehandelt bleibt. Achten Sie auf Kratzer und Beulen im Stahl des Containers. An diesen Stellen wird der Stahl geschwächt und ist der Korrosion ausgesetzt. Wenn Sie zulassen, dass der Container Rost ansetzt, wird er sich immer weiter ausdehnen, bis die bauliche Stabilität nicht mehr gewährleistet ist. Wände können dünn wie Papier

werden und kleine Kratzer können sich zu Löchern entwickeln, durch die Wasser eindringen kann. Im schlimmsten Fall kann Ihr Container nachgeben und zusammenbrechen. Achten Sie also auf Beschädigungen und versiegeln Sie sie, wo immer Sie sie entdecken.

Containerbüros

Für die Verwendung von Containern als Büros, ist es vorteilhaft, dass sie sich schnell und leicht aufbauen lassen. Sie sind der perfekte Ausklapp-Arbeitsplatz. Ihre modulare Struktur vereinfacht dabei die Erweiterung Ihrer Büros, wenn Sie Ihr Unternehmen erweitern. Wenn Sie Ihr Büro an verschiedene Stellen bewegen müssen, sind sie eine großartige Lösung, da Sie das fertige Büro als Ganzes bewegen können. Containerbüros lassen sich schnell aufbauen, wenn Sie sie erst einmal vor Ort haben und sie schaffen zusätzlichen Raum und Schutz innerhalb von Minuten.

Schauen wir uns einige Vorteile von Containern als Bürogebäude an:

- Sie sind preisgünstiger als die meisten Alternativen. Suchen Sie nach Lösungen aus zweiter Hand und finden Sie effizienteste Gestaltungslösung.

- Container sind skalierbar. Sie können Komplexe so groß oder so klein wie nötig schaffen und neuen Büroraum mit geringen Kosten bauen.

- Die Arbeit mit ihnen ist leicht. Fügen Sie neue Büros hinzu, wenn Sie sie benötigen und entfernen und verkaufen Sie sie, falls erforderlich. Stapeln Sie sie übereinander, wenn der Raum es erfordert. Machen Sie sich kein Kopfzerbrechen, wenn es an der Zeit ist, ihren Raum zu verändern.

- Tragbare Büros. Darüber haben wir schon gesprochen, aber sie sind einen zweiten Blick wert. Sie können wortwörtlich Ihr Büro aufheben und es an einen anderen Ort transportieren. Kurze oder lange Distanzen, entlegene Gegenden, was immer Sie auch wollen, Sie können es verwirklichen.

- Eine nachhaltige, ökologisch verträgliche Konstruktion. Dies ist ein gewichtiger Aspekt, insbesondere da wir mit schwindenden Ressourcen arbeiten. Containerbüros sind toll, wenn Sie möglichst nachhaltige Ressourcen verwenden wollen. Wenn das Ihr Ziel ist, dann müssen Sie Container wählen, die ausrangiert wurden. Aber es ist wichtig, sie gründlich zu inspizieren und alle Beschädigungen zu versiegeln. Das kostet ein bisschen mehr Startkapital, aber auf lange Sicht wird es sich auszahlen.

Schlussbemerkung

Wir haben jetzt alle Einzelheiten abgehandelt, damit Sie Ihr eigenes Haus als Eigenbau errichten können. Wenn Sie ein enges Budget haben, sollte es relativ leicht sein, ein Haus für weniger als 50.000 US-Dollar zu bauen, wenn Sie den Tipps folgen. Wenn Sie wirklich effizient sind, können Sie die Kosten sogar auf etwa 20.000 US-Dollar verringern.

Ein Thema, das im ganzen Buch hervorstach, ist die Tatsachen, dass Sie bei jedem Schritt Wahlmöglichkeiten haben. Ihr eigenes Zuhause zu bauen, ist eines der erfüllendsten Dinge, die man tun kann. Es ist nicht nur ein großartiges Projekt für den Eigenbau, Sie können auch in dem Ergebnis leben. Zudem können Sie das Haus genauso gestalten, wie Sie möchten. Wenn Sie es richtig planen, haben Sie ein Haus, das bis zu Ihren Enkeln nur minimale Reparaturen erfordert. Um Ihnen einen Vorgeschmack und ein bissen Inspiration zu vermitteln, lassen Sie uns einen Blick auf einige fertige Containerhäuser werfen, nur um Ihnen zu zeigen, wie großartig sie sein können. Viel Spaß.

One Containerhäuser:

Fotografien von Nicolás Boullosa

https://www.flickr.com/photos/faircompanies/19815406413

https://www.flickr.com/photos/faircompanies/20436353715

Dies sind einige tolle Beispiele für Containerhäuser von innen und außen. Sie sehen, wieviel Wert auf einen kleinen Raum verwendet werden kann und wie die Außenseite des Hauses verschönert werden kann, ohne dass es an Effizienz verliert.

Lassen Sie uns einige weitere Beispiele von komplexeren Modellen anschauen.

Foto von plentyofants https://www.flickr.com/photos/plentyofants/683994728

Sie können Ihr Zuhause so einfach und sparsam wie möglich gestalten, wenn das Ihr Ziel ist. Allerdings können Sie es so weit treiben, wie sie möchten. Das ist ein großartiger Aspekt modularer Container. Sie können große Projekte wie Luxuswohnungen oder Apartmentkomplexe gestalten, es gibt kaum Grenzen.

Containerhäuser sind die Zukunft. Sie verwenden vorhandene Materialien für kundenspezifische Wünsche. Sie lassen sich für einen Bruchteil der Kosten traditioneller Häuser herstellen. Sie sind ein großartiges, erfüllendes Eigenbauprojekt oder eine kostensparende Alternative für große Projekte. Wenn Sie es richtig anstellen, verwenden Sie preisgünstige, nachhaltige Materialien, hinterlassen nur einen kleinen CO_2-Fußabdruck und errichten Ihr Zuhause schneller, als Sie erwarten.

Viele Menschen träumen davon, ihr eigenes Heim zu bauen, aber oft scheint dieser Wunsch außer Reichweite. Hoffentlich hat dieses Buch Ihnen gezeigt, dass es möglich ist. Mehr als das, es ist sogar recht einfach.

Genießen Sie den Bau Ihres eigenen Hauses und machen Sie einen Schritt hin zu größerer Unabhängigkeit!

Anhang – Pläne
Plan 1

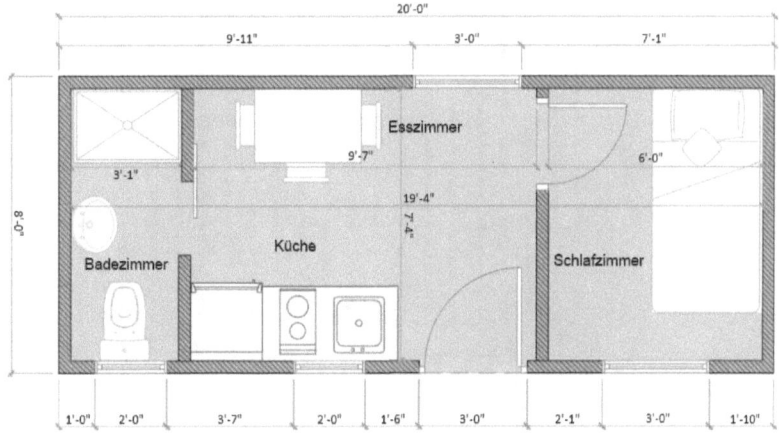

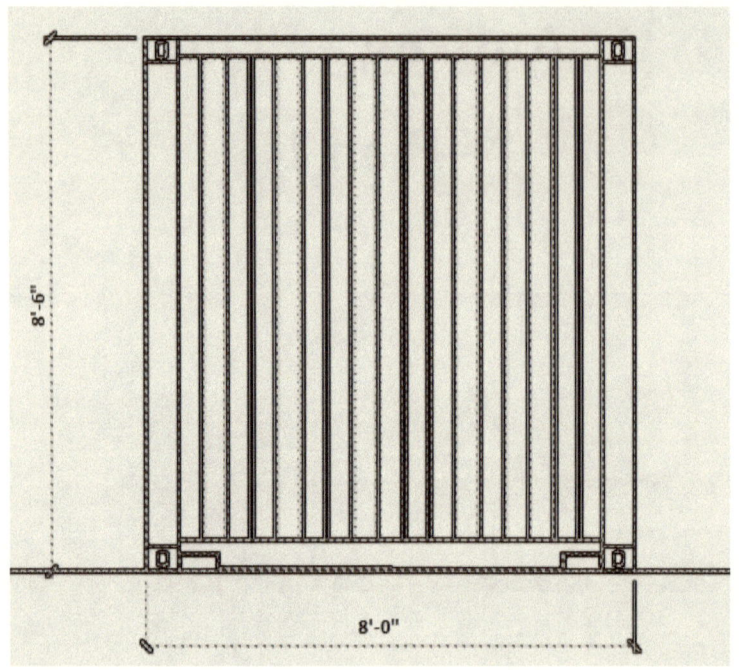

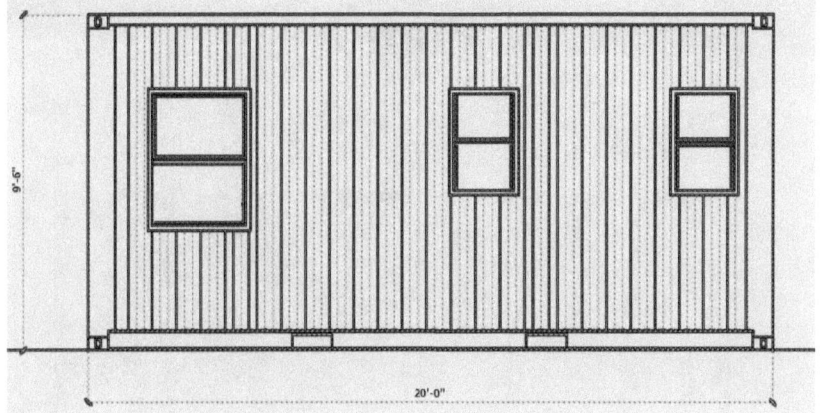

Plan 2

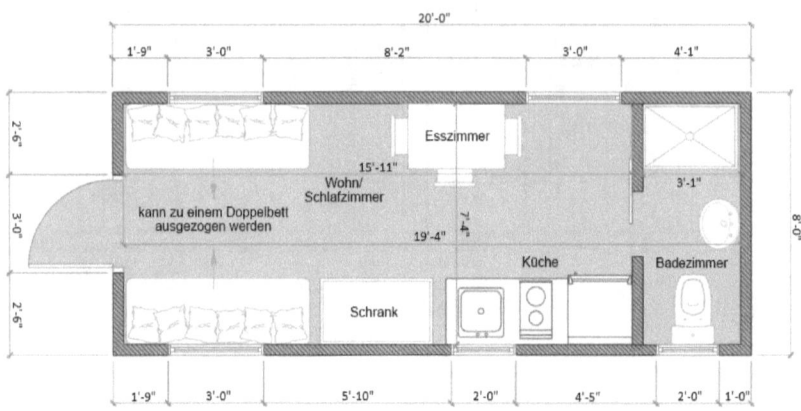

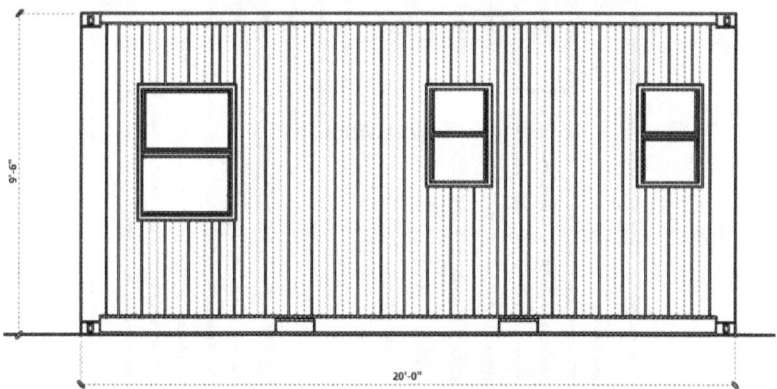

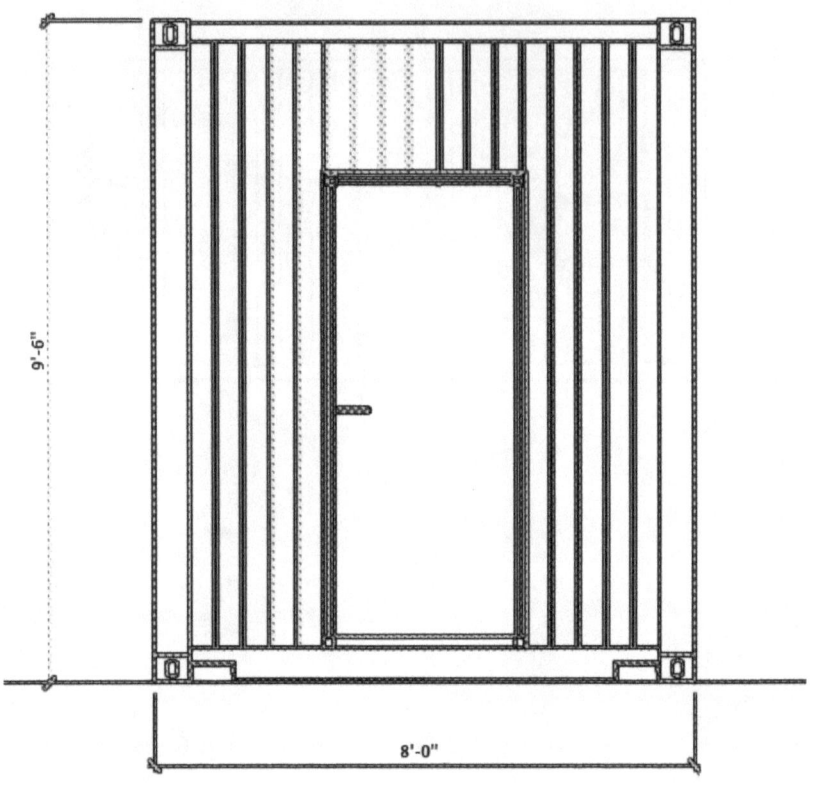

Plan 3

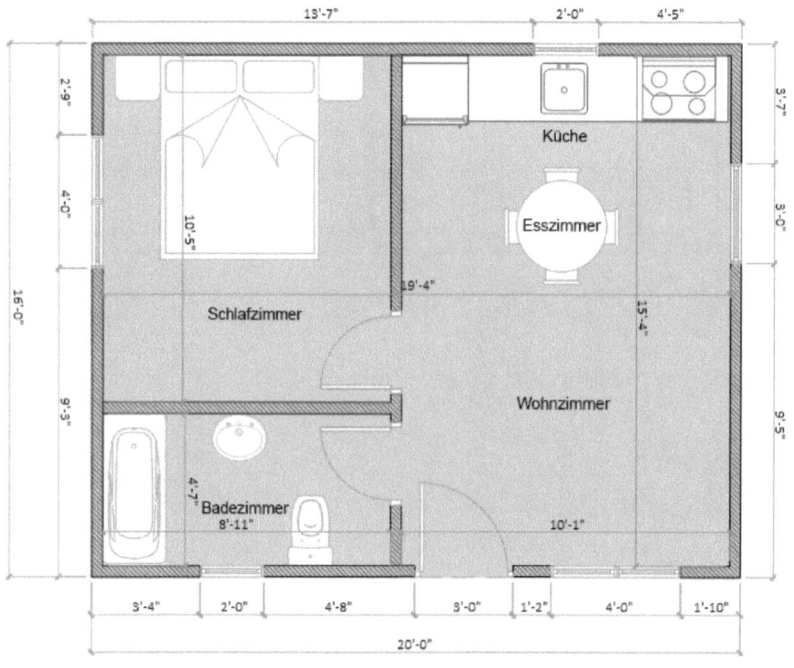

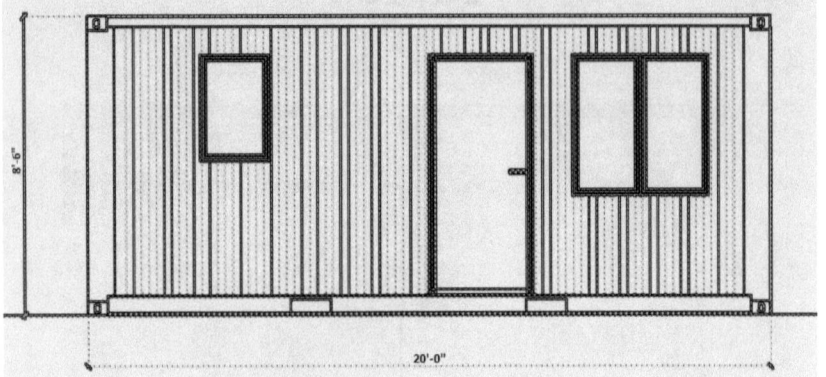

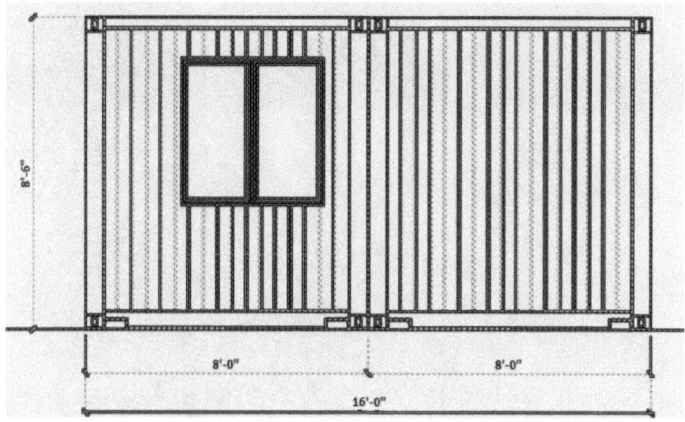

Plan 4

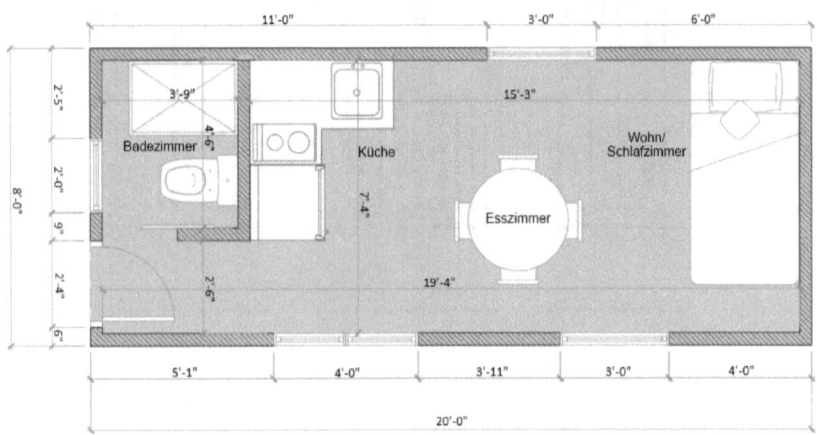

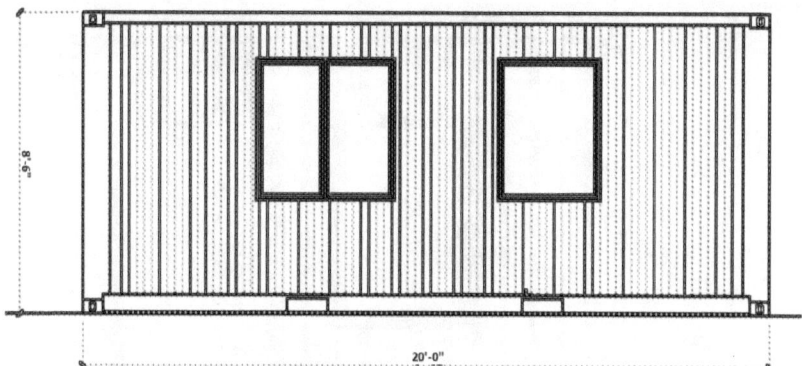

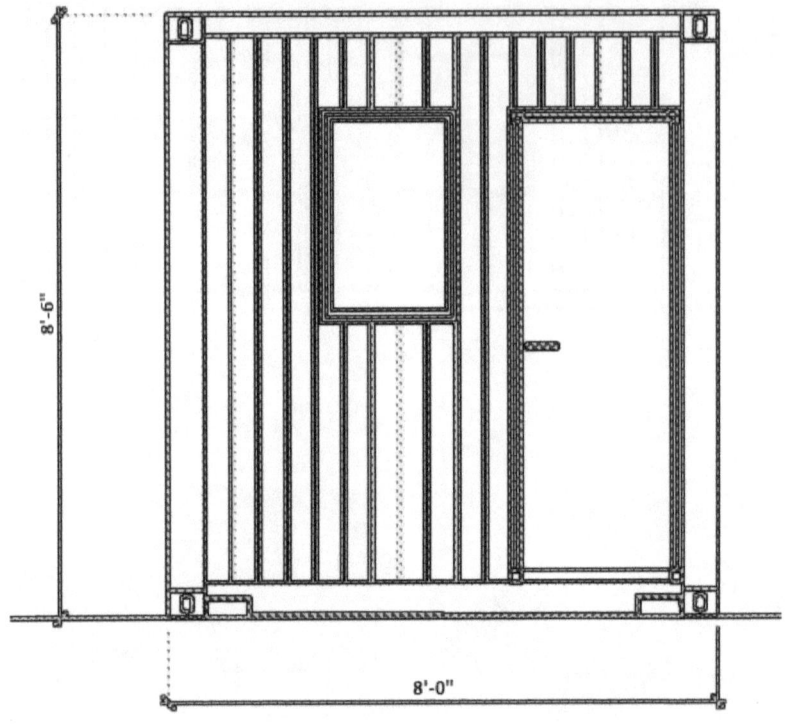

Plan 5

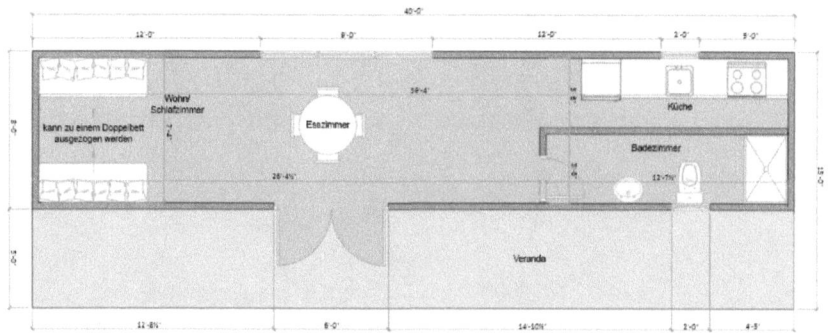

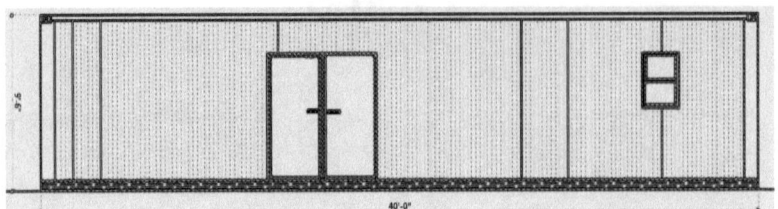

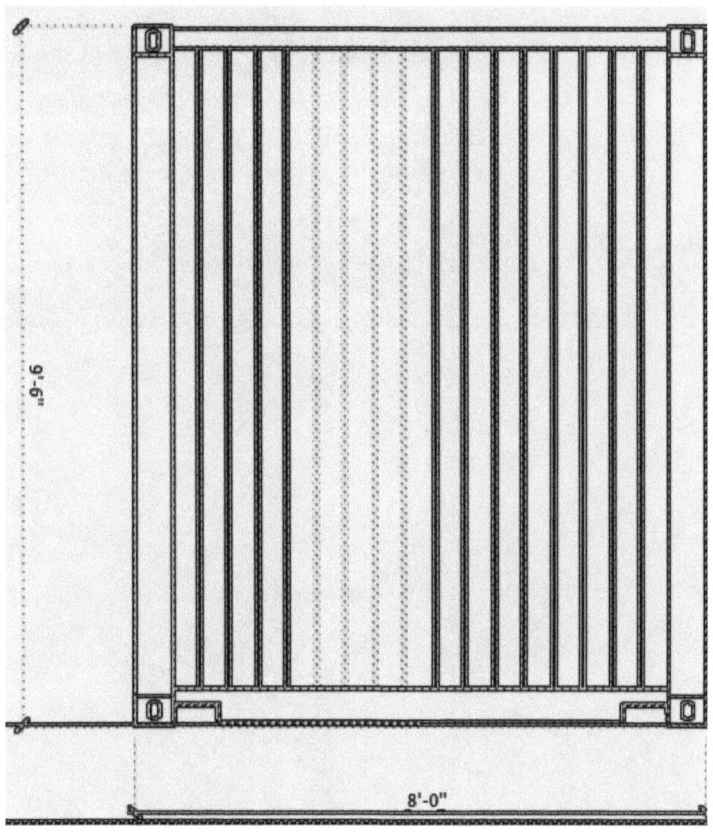

Plan 6

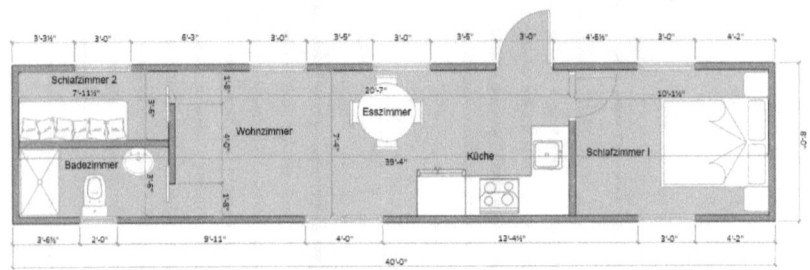

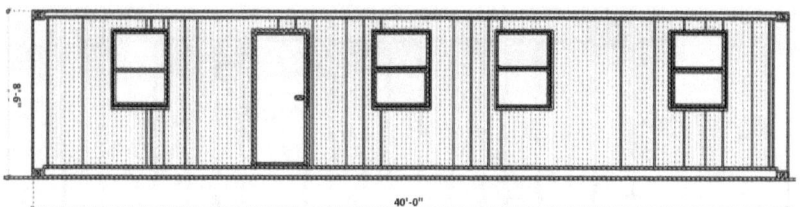

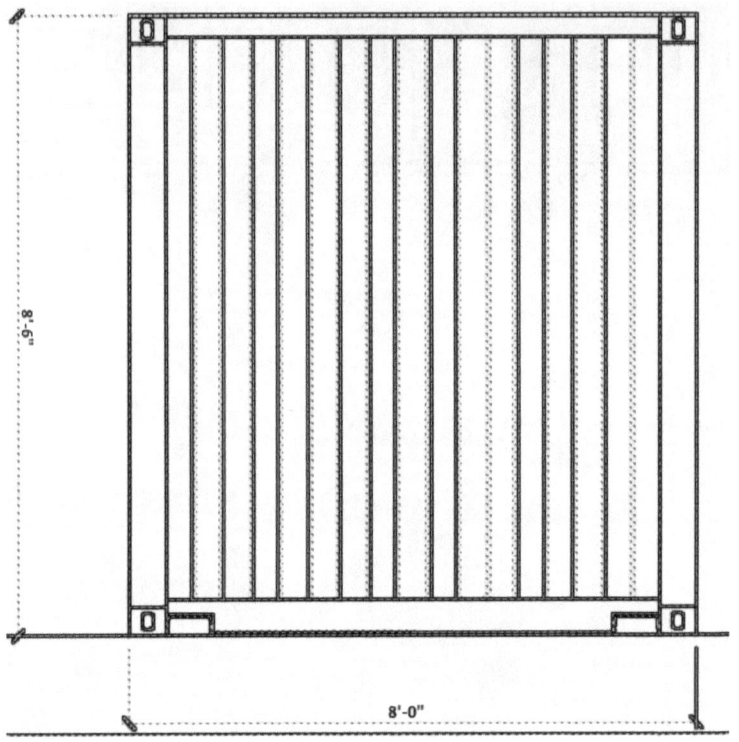

Plan 7

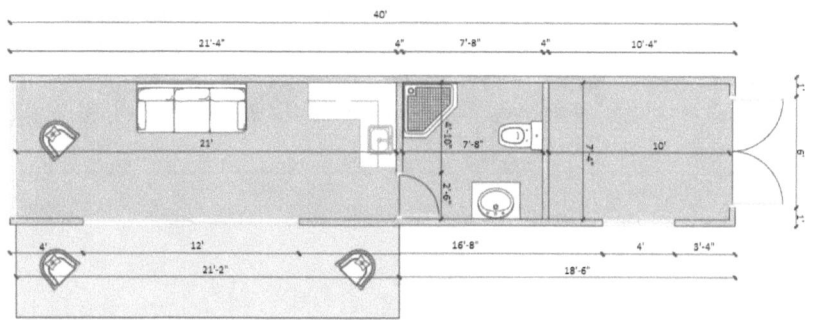

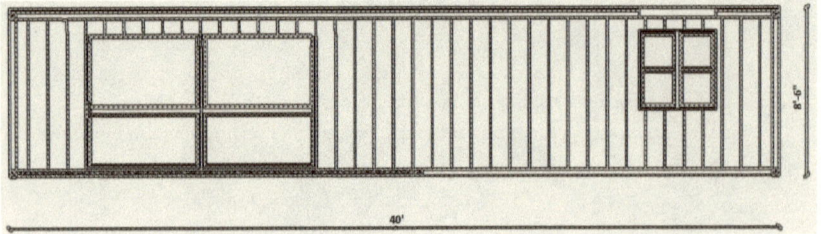

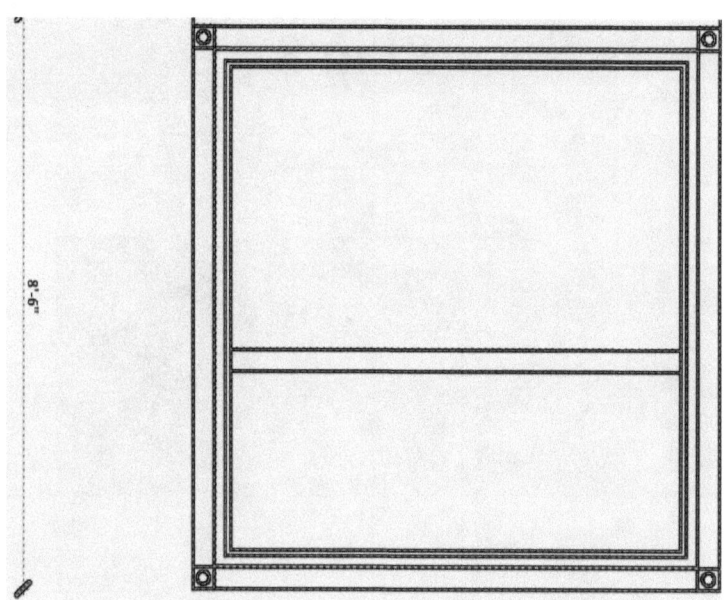

Plan 8

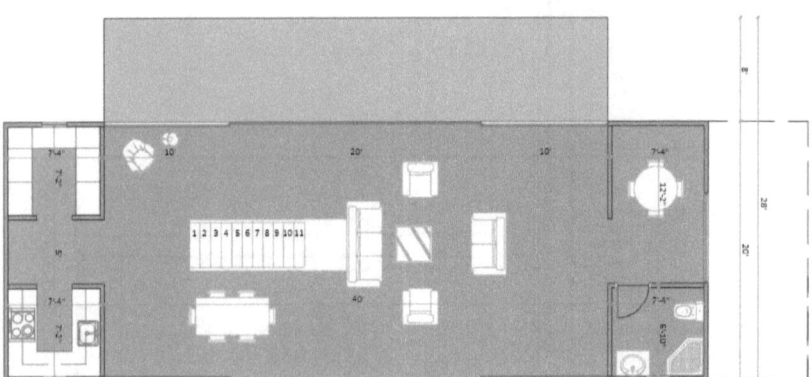

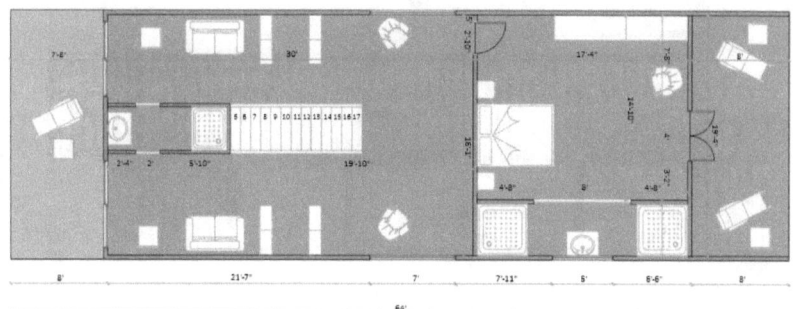

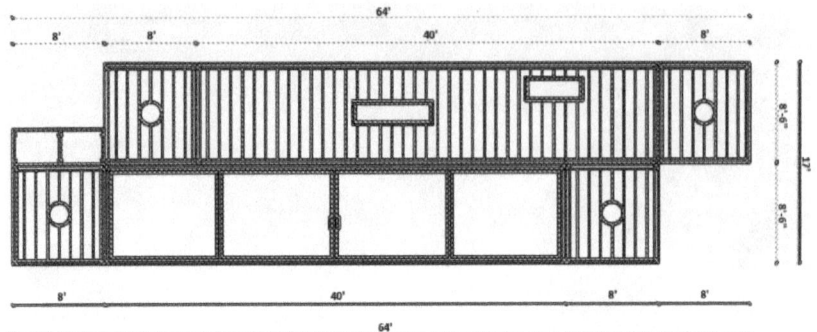

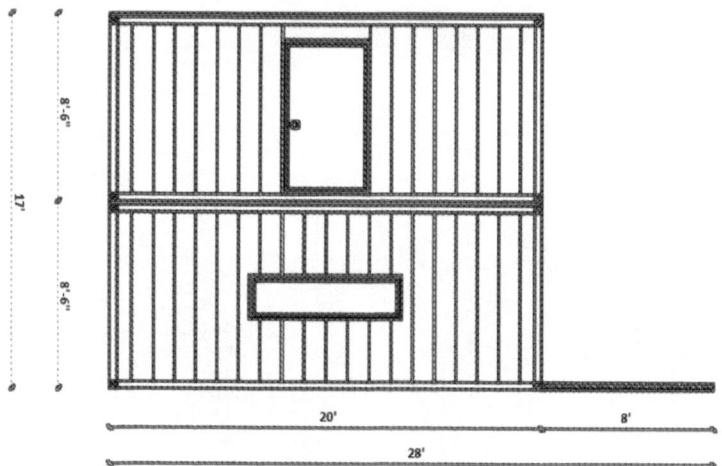

Plan 9

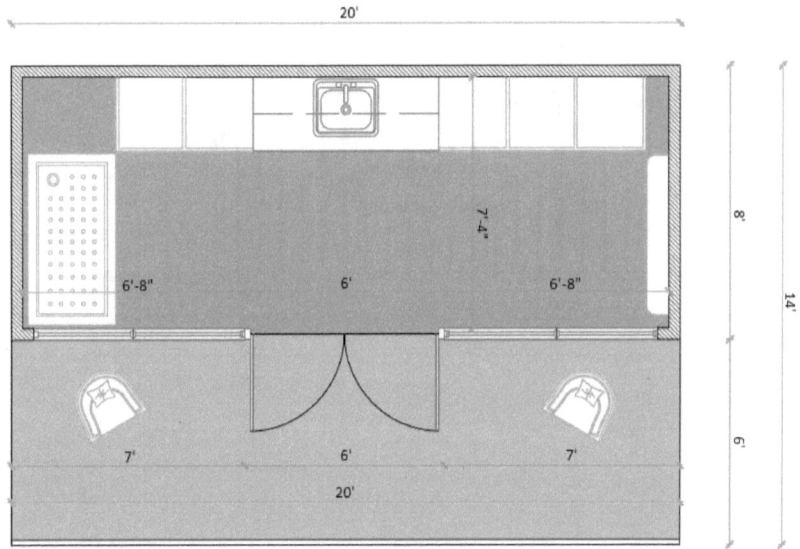

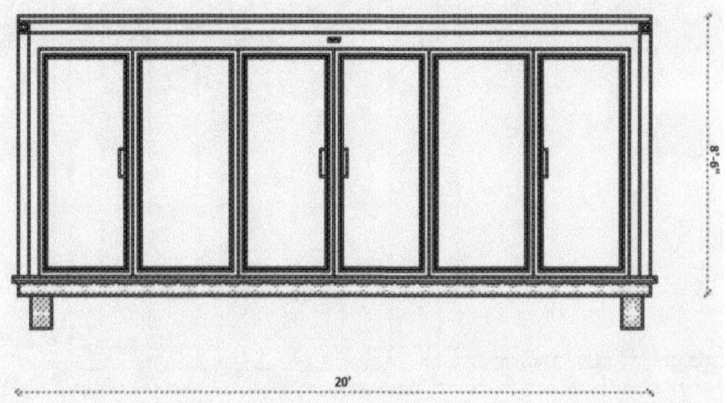

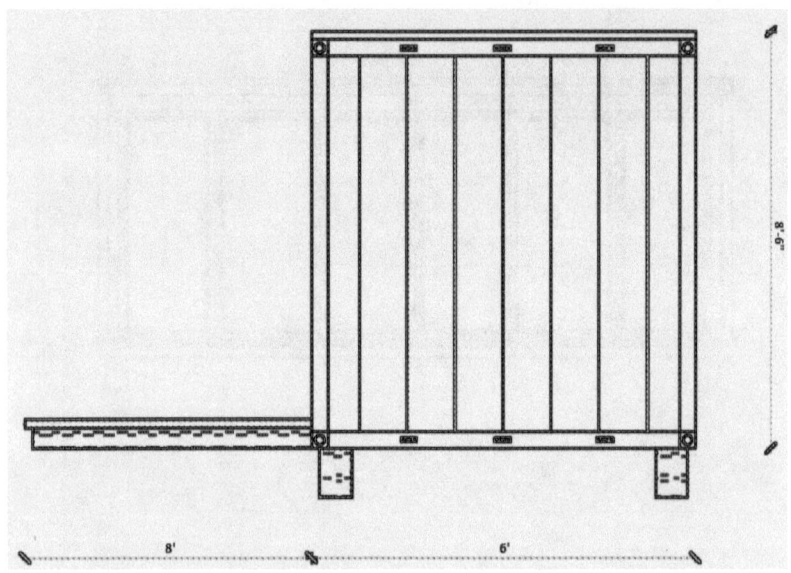

Plan 10

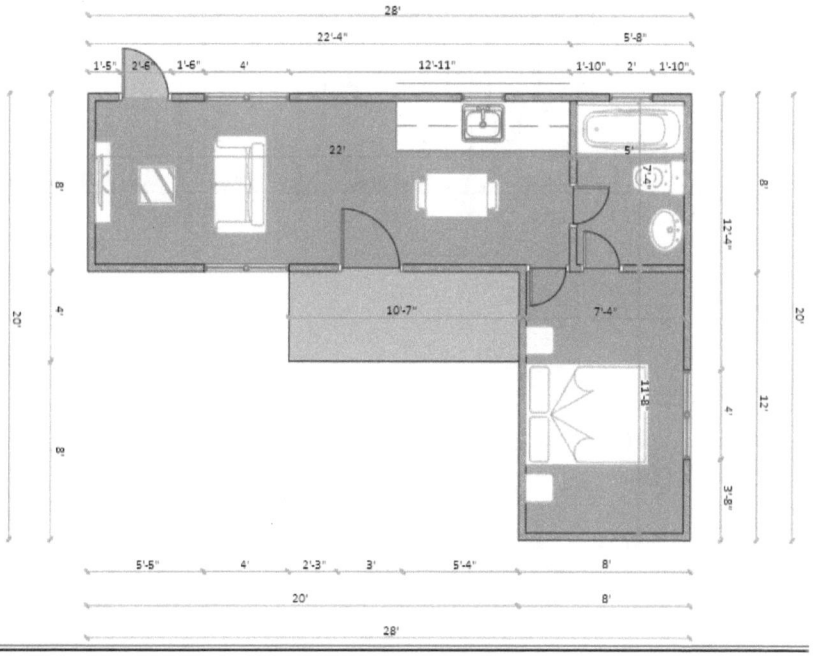

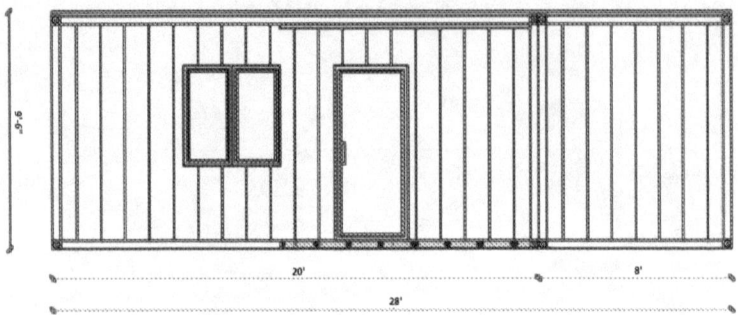

Plan 11

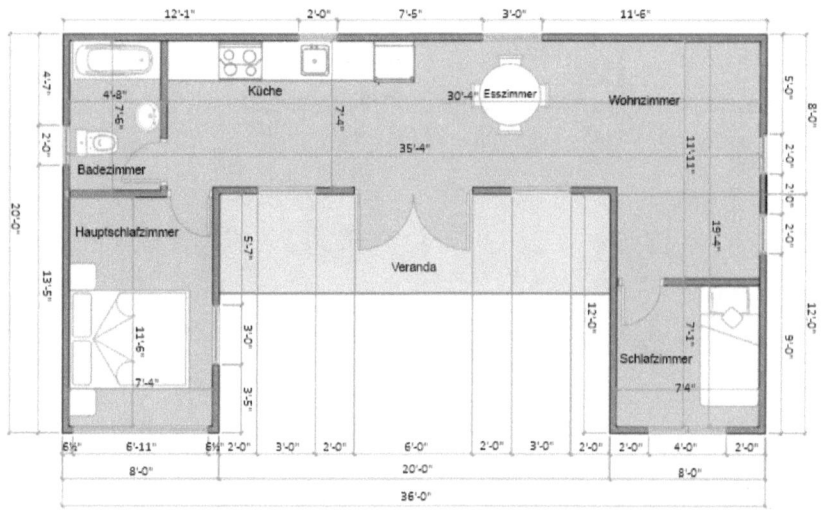

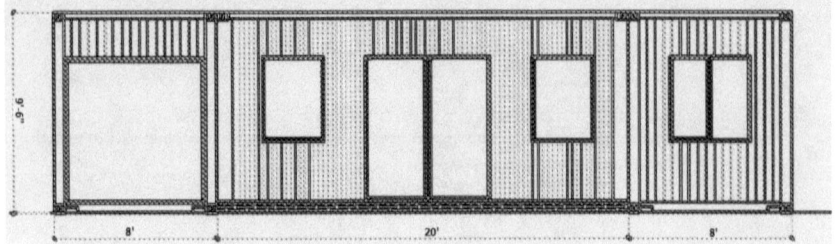

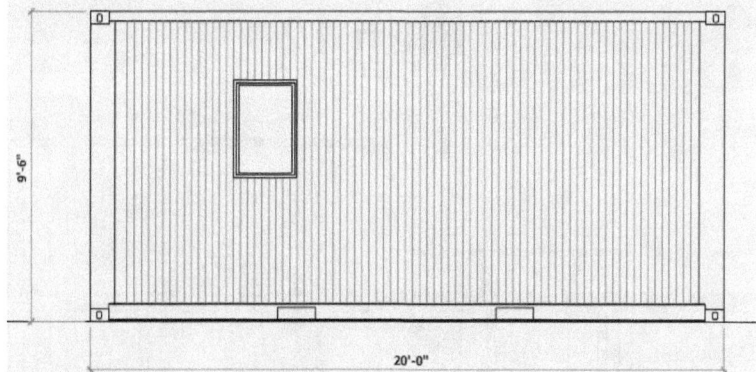

Plan 12

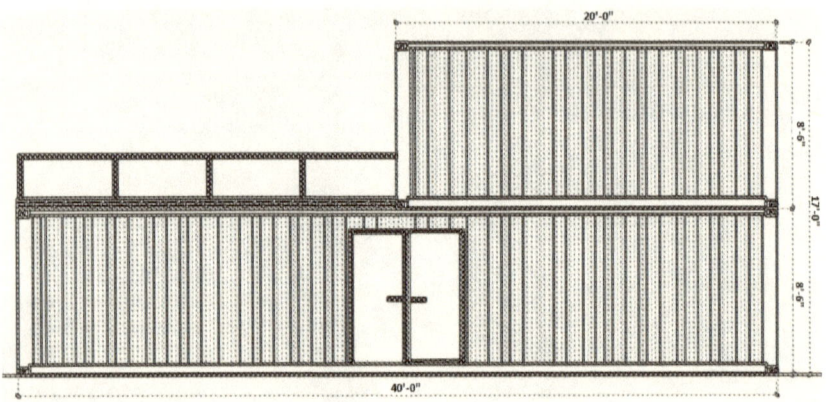

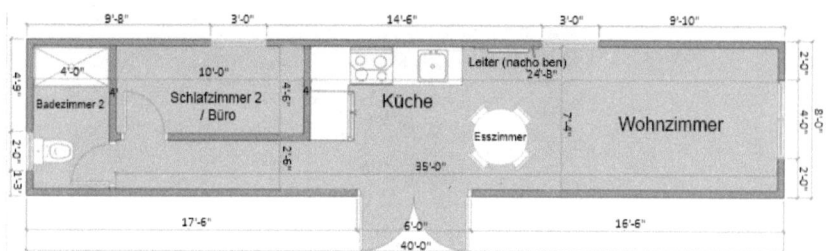

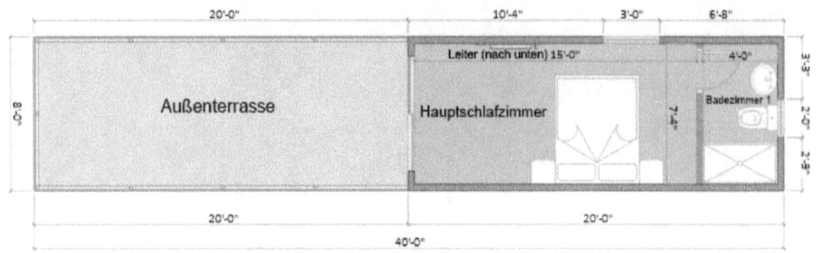

Plan 13

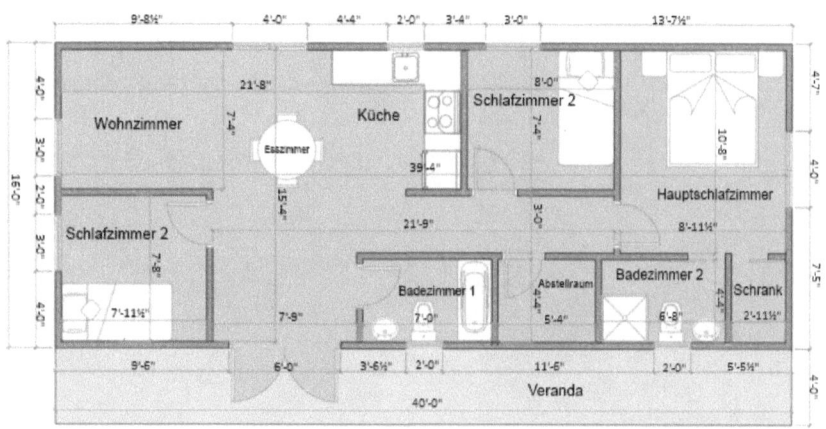

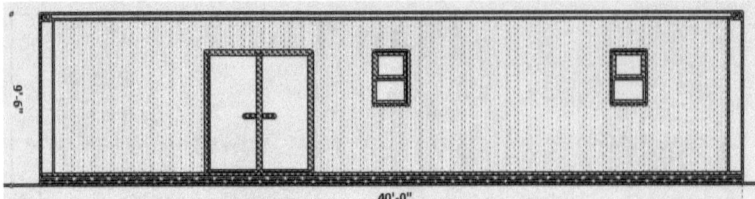

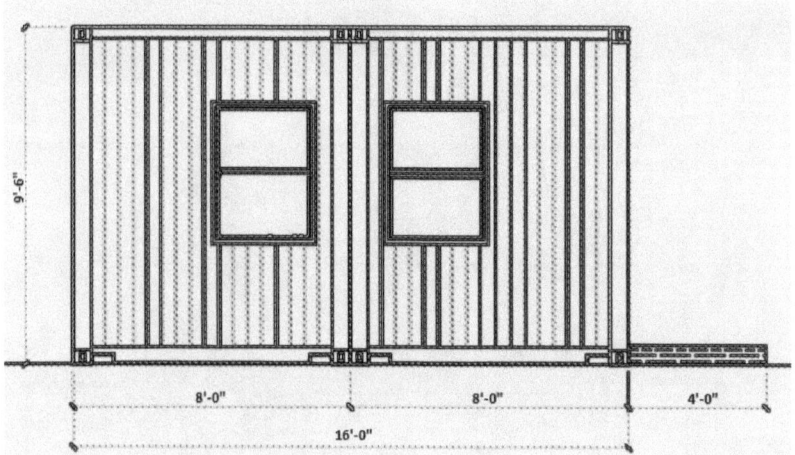

Plan 14

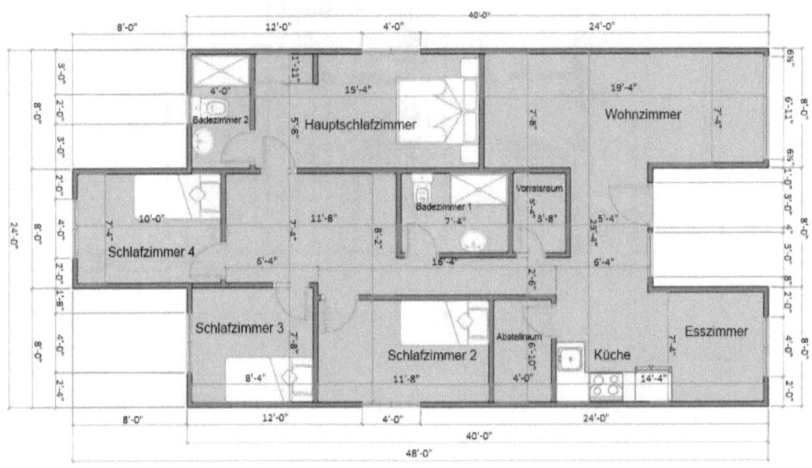

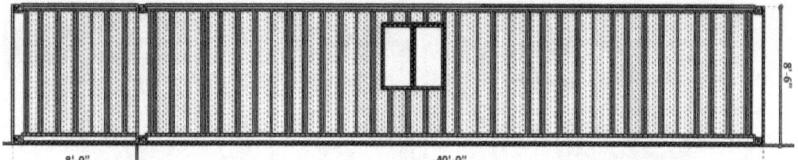

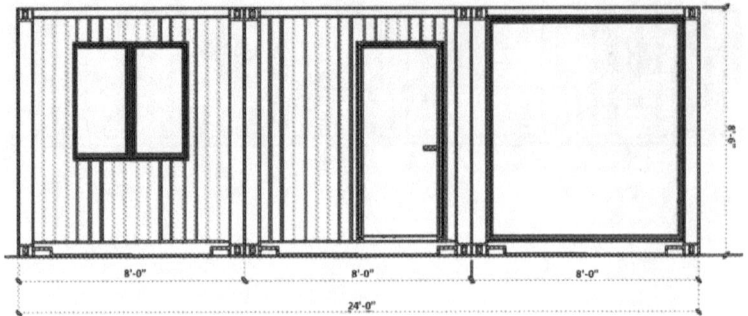

Plan 15

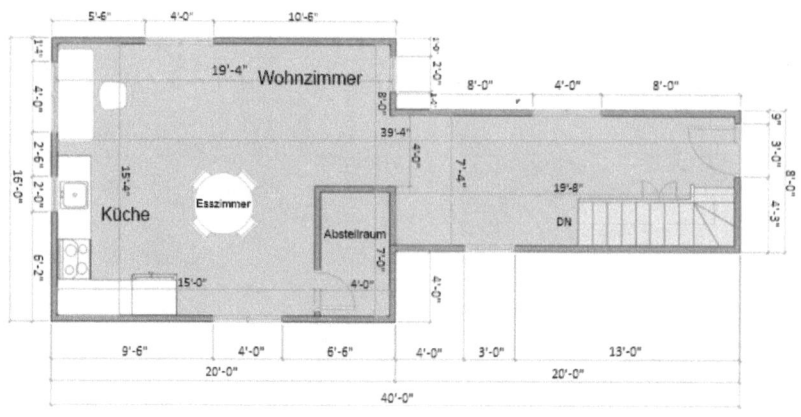

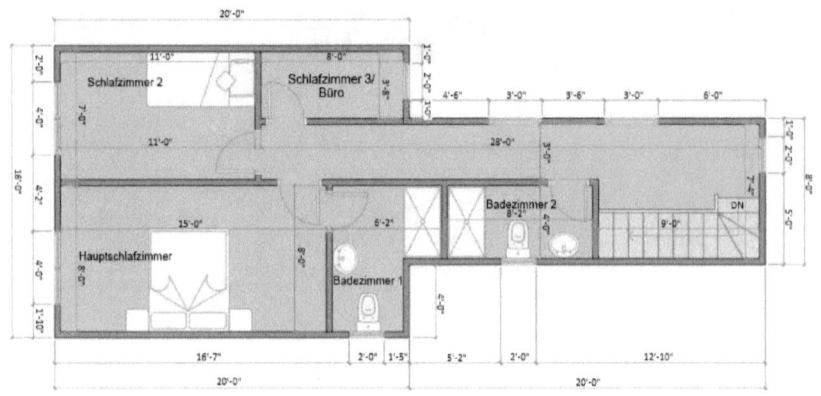

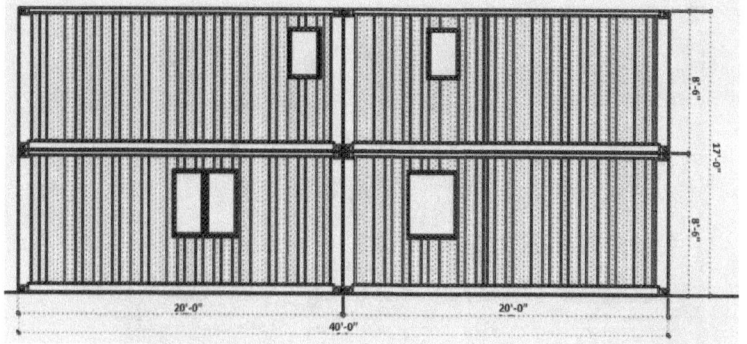

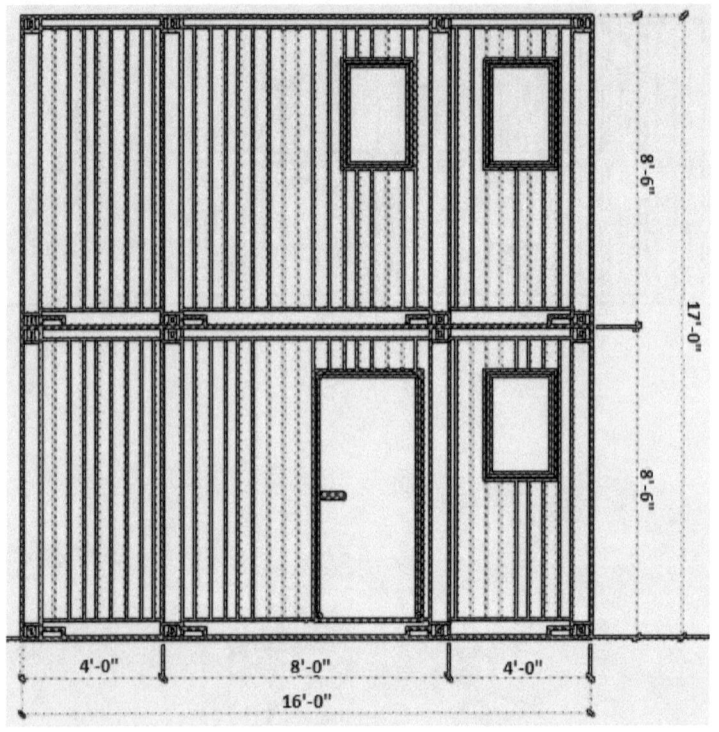

www.ingramcontent.com/pod-product-compliance
Lightning Source LLC
LaVergne TN
LVHW041626060526
838200LV00040B/1463